Kathrin von Maltzahn

Mein Herz schlägt für DÄNEMARK

DÄNEMARK REISEFÜHRER

Band II · Dänemark für Kenner

INHALTSVERZEICHNIS

Die Urlaubsorte in diesem Buch

URLAUBSORTE

Wissenswertes rund um den Urlaub

... UND SONST NOCH?

DAS URLAUBSHANDBUCH

Wiederkehrende Elemente und kleine Helfer – Band I bis III

♥ Unsere Tipps

Das Herz im Text zeigt schnell, was wichtig ist und was der Ort zu bieten hat.

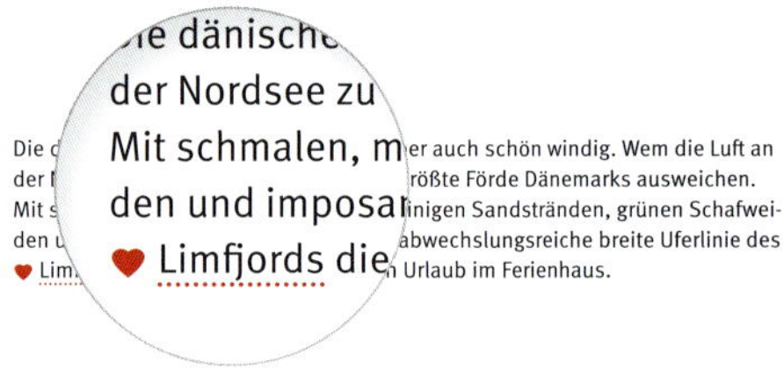

Familienurlaub

egilscafe.dk

Randinfos – Wichtiges schnell erfassen

Am Rand gibt's zu jedem Herz eine Erläuterung oder einen Link auf zusätzliche Informationen (Bindestriche am Zeilenende bitte nicht mit eingeben).

- Urlaub mit Hund
- Boote und Häfen
- Familienurlaub
- Wandern & Radfahren
- Angeln
- Geschichte
- Wassersport
- Naturerlebnisse
- Kunst und Handwerk
- Lokale Spezialitäten

Symbole für jeden Ort

Wandern, Familienurlaub oder einsame Hundespaziergänge? Wir haben für jeden Ort unsere Empfehlung mit kleinen Symbolen markiert.

IHR URLAUBSORT **VON OBEN**

Einen Blick von oben auf die Urlaubsorte bieten unsere tollen Drohnenvideos. Sie zeigen alle Regionen, Orte und die Strände aus der Vogelperspektive.

www.von-oben.dk

Praktisch! Schnell gefunden

Mit dem praktischen Daumensucher findet man beim Durchblättern die Artikel zu den verschiedenen Orten schnell wieder.

QR-Codes scannen

Der QR-Code verlinkt direkt zum ausführlicheren Artikel auf **www.fejo.dk** mit Strandbeschreibungen, Ausflugstipps, hilfreichen Links und vielen schönen Ferienhäusern.

Immer sehen, wo es liegt

Die Übersichtskarte zeigt die genaue Lage des Urlaubsortes und die Einteilung in Regionen, die ähnliche Bedingungen bieten.

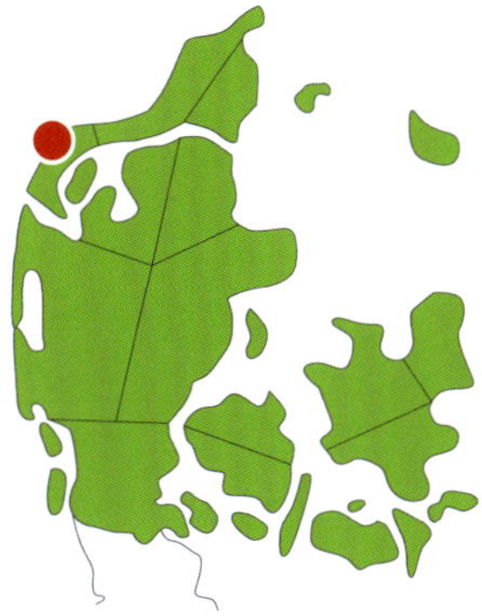

Frishøjgaard

EINLEITUNG

Mein Herz schlägt für Dänemark – so muss das Motto unseres Ferienhausportals heißen und nur so könne der Titel meines Reiseführers lauten. Diese Idee kam Henrik, dem Gründer von fejo.dk, und mir an einem gemütlichen Abend in einer Düsseldorfer Hotelbar.

Ich war damals bereits einige Jahre Mitglied im Team und damit Teil dieses immer größer werdenden Projektes. Doch wie kam ich eigentlich dazu, meine Liebe zu Dänemark zu meinem Beruf zu machen?

Wie alles begann

Im Jahr 2002, als manch einer noch in Ferienhauskatalogen blätterte, suchte ich für die Herbstferien im Internet nach einem Ferienhaus an der dänischen Ostseeküste. Egal, welchen Begriff ich eingab, die Website einer kleinen Insel in der Ostsee stand immer wieder ganz oben im Suchergebnis: ♥ Fejø. Eigentlich wollten wir ans Festland, aber die Fotos und Texte waren so überzeugend, dass ich eine Woche Inselleben buchte, trotz Fährkosten.

Es war eine gute Entscheidung! Fejø empfing uns mit strahlendem Sonnenschein, der Hof ♥ Frishøjgaard war das schönste Ferienhaus, in dem wir jemals wohnten und der Garten, von „mor" liebevoll gepflegt, entpuppte sich als Paradies für unsere Kinder. Etwas seltsam kam mir zunächst unser Vermieter Henrik vor – wie er da in einer olivgrünen Outdoorhose vor einem Trabbi mit Surfbrett auf dem Dach auf uns wartete, hatte ich doch Zweifel an seiner dänischen Herkunft (Originalton: „Was ist denn das für ein Ossi?"). Henrik wohnte während unseres Urlaubs in einer Kammer neben der Scheune und da es dort kein Bad und keine Küche gab, war er vom ersten Tag an Gast in „unserem" Haus, schaute ab und an in die Töpfe und bat uns recht bald, bei der ♥ Optimierung seiner Website zu helfen. Wir hatten eine wundervolle Woche auf Fejø, Henrik war der perfekte Gastgeber und Kinderanimateur. So hatten wir das bisher in keinem anderen Urlaub erlebt! Der Trabbi war übrigens das Geschenk eines Gastes, wie sich später herausstellte, und Henrik ist ein waschechter Däne.

Wir verlebten noch viele Urlaube im Frishøjgaard, bis der Hof 2009 verkauft wurde. Bei unserem letzten Urlaub verpassten wir die Fähre und hatten Zeit für einen allerletzten Kaffee, der mein Leben veränderte: Henrik bot mir an, für sein Ferienhausportal in Deutschland zu arbeiten. Aus der kleinen Inselwebsite mit fünf Häusern auf Fejø war zwischenzeitlich ein Portal mit etwa 10.000 dänischen Ferienhäusern und einem Büro in Düsseldorf geworden.

Ich nahm das Angebot an und wurde ♥ Kundenbetreuerin für Ferienhausurlauber in meinem Lieblingsland. Was für ein schöner Beruf!

Bereits vier Monate später schickte Henrik mich für meine erste Dienstreise auf die Ostseeinseln Falster, Lolland und Møn. Außer Fejø kannte ich bis dahin nur die dänische Nordseeküste zwischen Henne und dem Ringkøbing Fjord. Beim ersten Besuch des Buchenwaldes am Møns Klint entdeckte ich ein völlig anderes Bild von Dänemark. Es war der Beginn einer wachsenden ♥ Liebe zur Ostsee und den vielen kleinen und großen Inseln im blauen Meer. Das kleine Fejø und die größte Insel Seeland stelle ich in diesem zweiten Band meines Reiseführers vor.

Gerade überzeugte Nordseefans, die der Ostsee bisher nicht so viel abgewinnen konnten, lade ich ein, mit diesem Buch neue Küsten kennen und lieben zu lernen! Wie es dabei zugehen könnte, beschreibt meine Kollegin Eva im Kapitel ♥ Ostsee, wir lieben dich.

Mehr auf Seite 14

Nicht weniger begeistert haben mich die vielen Fjorde und Seen überall sowie die üppig grünen Wälder auf Seeland. Dänemark hat so viel mehr zu bieten als Sand und Dünen, auch wenn man beides hier natürlich in fast einzigartiger Menge findet. Doch selbst von einem Ferienhaus am Nordseestrand kann man Tagesausflüge an die Ostsee unternehmen, die Hügel im Seenhochland erkunden oder sogar über eine der vielen Brücken auf die nächsten Inseln in der Ostsee fahren.

Die Reihenfolge der Ortsartikel in diesem Buch ergibt sich aus der Lage entlang der dänischen Küste. Wir beginnen im Nationalpark Thy an der Westküste, reisen bis zur Spitze in Skagen und schlängeln uns über die Ostküste bis zu den Inseln. Doch auch Band II deckt nicht das ganze Land ab. Erst mit Band III, **Dänemark für Genießer**, ist der Reiseführer komplett. Darin spielen Städte die Hauptrolle, vor allem Kopenhagen, aber auch die beiden großen Städte in Jütland, Aarhus und Aalborg. Außerdem stelle ich meinen Lesern in Band III die wunderbaren Inseln Samsø, Læsø und Bornholm vor.

BASISWISSEN

Lohnt es sich überhaupt, an die **dänische Ostsee** zu fahren oder gar auf die Insel **Seeland,** für die man Brücken überqueren oder mit dem Schiff fahren muss? Wie teuer sind eigentlich die **Fähren** auf eine **dänische Insel** und kosten alle Brücken eine Maut? Das Kapitel Basiswissen mit Infos für Urlauber, die mehr erleben wollen als Nordseedünen und raue Wellen.

Ostsee – wir lieben dich!

von Eva Petersen

Schon als Kind fuhr Eva mit ihren Eltern mehrmals im Jahr an die dänische Nordsee. Sie wuchs mit der Gewissheit auf, dass es keinen schöneren Ort geben könne als die Nordseeküste mit ihren hohen Dünen, den weiten Stränden und der kräftigen Brise, die über das karge Land fegt. Die Ostsee war kein Thema für sie – bis eine Dienstreise sie nach Seeland an die Ostsee führte.

Urlaub in Dänemark – unvorstellbar ohne Nordsee

Die Liebe zur dänischen Nordseeküste wurde mir förmlich in die Wiege gelegt. Als ich drei Jahre alt war, fuhren meine Eltern zum ersten Mal mit mir nach **Bjerregård** und der Bund fürs Ferienleben war besiegelt.

Der unkonventionelle Stil eines dänischen Ferienhauses, die schier endlose Weite des Strandes, der Gesang der Lerchen über der Heide, der Luxus einer Sauna im eigenen Haus, das urtümliche, ungezwungene und zeitlose Leben in der Ferienzeit hat meine Eltern von der ersten Minute an in ihren Bann gezogen. Eine Begeisterung, die sich auch auf mich übertrug. Fortan war es für mich das größte Abenteuer, am Anreisetag das Ferienhaus zu erkunden und alleine durch die umliegende Dünenlandlandschaft zu streifen.

Im Sommer hatten wir den heißen Sand unter den Füßen, im Herbst prasselte er uns, vom Wind gepeitscht, ins Gesicht. Im Winter lauschten wir dem eisigen Knacken des Dünengrases und dem Knistern des Kaminfeuers im Ferienhaus. All das war für uns Dänemarkurlaub, wie er sein musste. Im Laufe der Jahre erkundeten wir die Ferienhausgebiete von **Rømø** bis **Skagen** und wohnten am liebsten fernab der wenigen Städtchen, die es dort gibt.

Dann und wann begaben wir uns auch auf kurze Ausflüge an die Ostsee. Die schmalen Strände und die engen Ferienhausgebiete wirkten auf uns jedoch wenig einladend und ohne das Nordseeklima mit Wind und Wellen erschien uns ein Urlaub wenig erstrebenswert.

Als Dänemarkprofi auf zu neuen Ufern

Es wäre wohl so weitergegangen, wenn ich nicht meine Liebe zum Land zum Beruf gemacht hätte und mich entschloss, als Dänemarkprofi beim Ferienhausportal fejo.dk zu arbeiten.

Nun galt es, den Rest des Landes kennenzulernen. Meine Kinder, meine Mutter und ich, allesamt eingefleischte Nordseefans, fuhren mit eher gedämpfter Vorfreude zu unserem ersten Ziel an der Ostsee: **Nordseeland**.

Erstaunlich schnell verging die Hinfahrt, denn die ♥ Fähre von Puttgarden nach Rødby erwies sich als völlig unkompliziert und als herrliche Pause für alle Mitreisenden. Der Weg von **Rødby** nach Seeland verlief mühelos, lediglich in dem Autobahngewirr rund um Kopenhagen ist ein Navi absolut empfehlenswert! Ca. 40 Kilometer vor der Nordküste Seelands endet die Autobahn bei **Hillerød** und es folgte eine Fahrt durch den ♥ Gribskov, einem großen Waldgebiet westlich des ♥ Esrum Sø, das uns eher an eine Fahrt durch Schweden erinnerte. Es sollte nicht das einzige Mal sein, dass uns die Vielfalt Nordseelands überraschte.

Mehr auf Seite 20

Einer der größten Wälder Dänemarks

Gemütlich und sehr dänisch: Seelands Nordküste

Angekommen in **Smidstrup Strand**, fast am nördlichsten Zipfel Seelands, fiel uns zuerst die dichte Bebauung auf. Ein Gewirr geteerter Straßen führt zu den Häusern und ich bereute sofort, dass ich nicht das Laufrad und die Inline Skates eingepackt hatte, denn im Gegensatz zu den Schotterpisten an der Nordsee boten die Wege hier optimale Bedingungen für beides.

Die Grundstücke sind mal akkurat angelegt mit perfektem Fußballrasen, mal romantisch verwildert. Heckenrosen und Obstbäume scheinen aber in jeden Garten zu gehören, ausladende Büsche säumen die Grundstücksgrenzen. So entdeckten wir nach unserer Ankunft im Ferienhaus erst auf den zweiten Blick, dass unser Grundstück eingezäunt war – an der Ostsee keine Seltenheit.

Ein Fahnenmast scheint zur Grundausstattung eines jeden Grundstückes zu gehören. An den Wochenenden wehte der ♥ Dannebrog dort, ein sicheres Zeichen dafür, dass die Besitzer des Hauses anwesend sind. Nur selten sahen wir einen Aufkleber an einem der Briefkästen, der auf die Vermietung des Ferienhauses durch einen externen Anbieter hätte hinweisen können. Ganz offensichtlich bleiben hier die Dänen gerne unter sich.

Dänen zu Haus

Meine Annahme bestätigte sich auch beim Einkaufen in den kleinen Hafenstädten. War ich es bislang von der Nordseeküste gewohnt, dass ich mich allerorts auf Englisch und zumeist sogar auf Deutsch gut verständigen konnte, musste ich hier seit vielen Jahren mal wieder auf meinen kleinen dänischen Wortschatz zurückgreifen.

Der erste Versuch, mein Brot auf Deutsch in der Bäckerei zu bestellen, schien die Bedienung sehr zu brüskieren. Aber auch mit Englisch kam ich häufig nicht weiter und so half nur das Lexikon, gepaart mit Gesten per Hand und Fuß.

An jeder Biegung eine neue Überraschung: die dänische Riviera

An den folgenden Tagen waren wir viel unterwegs, obwohl unser Ferienhaus so gemütlich war, dass man gerne dort geblieben wäre. Aber die dänische Riviera, wie die Dänen den Küstenabschnitt zwischen **Helsingør** und **Hundested** nennen, wartete darauf, von uns entdeckt zu werden. Und wir entdeckten und staunten

tatsächlich täglich aufs Neue! Alles erschien lieblicher, milder und nicht so wild und ungestüm wie an der Nordsee.

Die Ferienhausgebiete reihen sich an der Nordküste Seelands aneinander wie Perlen an einer Schnur. Schon eine Fahrt mit dem Auto entlang der ♥ Küstenstraße, die ihren Namen immer dem jeweiligen Ferienort anpasst – mal Villingebæk Strandvej, mal Munkerup Strandvej, mal Udsholt Strandvej – ist ein Erlebnis. Ein Fahrradweg verläuft ebenfalls parallel zur Küste. Ganz untrainiert sollte man dafür jedoch nicht sein, denn die Straße verläuft selten eben. Von den kleinen Anhöhen kann man immer mal wieder einen Blick auf das Wasser erhaschen. „Wer zuerst das Meer sieht" wurde unser beliebtes Urlaubsspiel. Spannend erschien uns auch jede Strandwanderung. Waren wir es von der Nordsee gewohnt, kilometerweit in beide Richtungen den Strand entlang schauen zu können, reichte unser Blick an der Ostsee häufig nur bis zur nächsten Biegung und man war gespannt, wie der nächste Küstenabschnitt aussehen würde. Ist er vor **Smidstrup** noch flach abfallend, sandig und mit zahlreichen Badestegen gespickt, türmt sich am Ende der Bucht von **Udsholt** eine Steilküste auf, so

Eine Straße mit herrlichen Aussichten

Juelsminde

dass sich die Häuser im nächsten Ort in **Rågeleje** hoch erhoben über dem Meer befinden. Zudem hatte uns, angespornt durch die Kunstwerke in den Vorgärten von **Gilleleje**, das Sammelfieber gepackt, denn überall an den Stränden fanden wir so viele ♥ Hühnergötter wie nie zuvor.

Steine mit Loch

„Dass ich das noch erleben durfte"

Viel zu schnell verflog unsere Zeit auf Seeland, der wir mit so viel Argwohn entgegengesehen hatten. Am Ende hatten wir das Gefühl, nicht nur einen weiteren Urlaub in Dänemark verbracht zu haben, sondern zum ersten Mal wirklich dänisch gelebt zu haben. Auf unserer Reise entlang der Küste Nordseelands trafen wir nur wenige Landsleute. Wir entdeckten, wie farbenfroh und vielfältig die dänische Vegetation sein kann. Wir haben mal wieder mit Verständigung per Hand und Fuß eingekauft und entdeckt, wo viele Dänen am liebsten ihre Freizeit verbringen: an der Ostsee.

Voller neuer Eindrücke machten wir uns auf den Heimweg. Nach den ersten einhundert Kilometern durch Seeland, auf der ♥ Farøbroen, der langen Brücke zwischen Südseeland und Falster, waren wir glücklich, noch einmal auf die Ostsee sehen zu können. In diesem Moment ertönte es plötzlich von meinen Kindern hinten aus dem Auto: Ostsee wir lieben dich! Was von meiner Mutter mit einem tiefen Seufzer und einem gerührten „Dass ich das noch erleben durfte" kommentiert wurde.

Und so haben wir auch unsere letzten beiden Urlaube an der Ostsee verbracht, ♥ Juelsminde als weiteren Lieblingsort an der Ostküste Jütlands entdeckt und uns auf eine Zeitreise in „Den Gamle By" in ♥ Aarhus begeben. Nach Jahren der liebgewonnenen Urlaubsroutine an der Nordsee heißt es für uns nun: auf zu neuen Ostsee-Ufern.

Mehr in Band 1

Mehr in Band 3

Gut zu wissen

An der **Ostseeküste** liegen die meisten **Städte**, stehen die schönsten Schlösser und wohnen die meisten Dänen. Die karge, raue Nordseeküste ist ein herrliches Urlaubsparadies mit Wind, Sand und Wellen, zum Wohnen haben die Dänen sich aber an der sanftmütigeren Ostseeküste niedergelassen. Wer gern mal **dänisch essen** geht, über einen **Markt** bummelt oder etwas anderes als **Kunsthandwerk** und Outdoorkleidung kaufen will, findet an der Ostseeküste die größere Auswahl!

Mit der Fähre nach Dänemark

Die dänischen Inseln sind ein beliebtes Urlaubsziel für viele Ferienhausgäste. Auf einer Insel ist das Leben ein wenig langsamer und das Meer nie weit entfernt! Einige Inseln wie Rømø oder Fünen sind über eine Brücke oder einen Damm zu erreichen, doch nach Fanø in der Nordsee und besonders zu allen Ostseeinseln gibt es regelmäßige Fährverbindungen von Deutschland bzw. innerhalb von Dänemark.

Um auf eine der großen Ostseeinseln zu reisen, gibt es verschiedene Wege. Aus Ost- und Mitteldeutschland bietet sich die Fähre von **Rostock** nach **Gedser** an, aus dem Westen und Südwesten hat man die Wahl zwischen der kostenpflichtigen Große Belt Brücke von Fünen nach Seeland und der Fähre von **Puttgarden** nach **Rødby**. Mit einem Routenplaner lassen sich die verschiedenen Möglichkeiten bequem vergleichen.

Auch das Angebot an Fährverbindungen innerhalb von Dänemark ist sehr umfangreich. Für Fähren über den Limfjord oder zu den südlichen Inseln Als und Fünen gibt es auch immer eine Brücke als Alternative, aber eine Fähre verkürzt die Fahrzeit und ist eine schöne Abwechslung, wenn man Wasser und den Wind in den Haaren liebt!

Anreise aus Deutschland: Puttgarden oder Rostock?

➶ scandlines.de

Welche ♥ Fährverbindung ist die bessere Wahl? Hier ein paar hilfreiche Fakten: Die Fähre von **Puttgarden** braucht eine Stunde weniger für die Überfahrt als die Fähre aus **Rostock** und sie ist wesentlich günstiger. Der größte Vorteil von Puttgarden aber ist, dass viel mehr Verbindungen angeboten werden. Alle halbe Stunde legt eine Fähre von Puttgarden bzw. in die Gegenrichtung von **Rødby** ab und das rund um die Uhr. Lange Wartezeiten sind selten, nur im Juli und August kann es am Wochenende etwas voll werden. Ein Nachteil der Verbindung Puttgarden ist es, dass die letzten Kilometer vor der Fähre nicht auf einer Autobahn, sondern über die Bundesstraße 207 zurückgelegt werden müssen. Der

Gegenverkehr aus Richtung Puttgarden ist bei jeder ankommenden Fähre aus Dänemark stark, weshalb es oft nicht möglich ist, langsam fahrende Fahrzeuge zu überholen. Man muss sich dafür mit der Reisegeschwindigkeit der B207 auf Fehmarn anfreunden. Eine ähnliche Erfahrung wird man machen, wenn man auf der B96 über Usedom nach Bornholm reisen möchte. Trotz des höheren Preises ist die Fähre von ♥ Rostock nach Gedser ideal für Reisende aus Richtung Berlin oder Dresden, weil man sich den Verkehr um Hamburg spart.

Beste Verbindung Berlin-Dänemark

Gut zu wissen

Hunde und Katzen kosten nichts extra und man darf beliebig viele Tiere mit an Bord nehmen. Es besteht aber **Leinenpflicht** und Restaurants und Shops dürfen nicht betreten werden. Der Zutritt zum Autodeck während der Überfahrt ist nur mit Genehmigung der Besatzung erlaubt, falls man den Hund im Auto gelassen hat. Sein Geschäft verrichten darf der Hund auf keiner der Fähren von Puttgarden und Rostock nach Dänemark, auf der Bornholm-Fähre ab Sassnitz gibt es eine Hundetoilette.

Inselfähren innerhalb von Dänemark

Das Besondere an einem Inselurlaub ist, dass man ein wenig abgeschieden vom Rest der Welt wohnt, auch wenn die nächste Küste in Sichtweite liegt. Um dort hinzugelangen, muss man aber auf eine Fähre warten, die nicht ganz billig ist und die Beweglichkeit einschränkt. Wer sich davon nicht abschrecken lässt, wird mit einer eigenen kleinen Welt und besonders entspannten Insulanern belohnt.

Fähre ins Inselglück

Von der Ostküste Jütlands aus sind die Ferienhäuser auf den Inseln **Ærø, Årø, Samsø, Tunø** und **Læsø** nur mit einer ♥ Fähre zu erreichen. Auch nach Fünen gibt es eine Fährverbindung von Als aus. Wer es eilig hat, nutzt aber die Autobahn über die Kleine Belt Brücke.

Im Limfjord liegt die Insel **Venø**. Eine Überfahrt von Struer aus dauert nur wenige Minuten, genauso wie die Überfahrt von Branden auf die Limfjordinsel **Fur**. Um den Limfjord von Nord nach Süd oder auch von Ost nach West zu queren, gibt es sowohl kostenlose Brücken als auch kostenpflichtige Fähren, zum Beispiel von Thyborøn in Richtung Thy / Limfjord oder von der großen Insel **Mors** weiter nach Norden in Richtung Jammerbucht.

Von Lolland setzen die Fähren auf die drei kleinen Inseln **Fejø, Femø** und **Askø** über. Auf Seeland gibt es mehrere Verbindungen, mit denen man die beiden Fjorde zwischen Nord- und Westseeland überqueren oder auf die Insel **Orø** im Isefjord übersetzen kann, um dort zu entspannen. Mit dem sogenannten ♥ Vier-Fähren-Ticket darf man alle Fähren am Isefjord je einmal nutzen und die Region von allen Ufern aus erkunden. Dieses Ticket kostet etwa 50 €.

➚ visitholbaek.dk

Die ♥ Kosten für eine Inselfähre in Dänemark für einen PKW mit zwei Personen sind, je nach Insel und Strecke, sehr unterschiedlich, man zahlt bis zu 70 € für eine Überfahrt. Günstiger wird es, wenn man eine Radtour macht und die Fähren für eine Rundtour nutzt.

Kostenpflichtige Brücken

Je länger die Brücke, umso höher die Baukosten. Daher ist die 18 Kilometer lange Querung über die ♥ Große Belt Brücke (Storebæltsbroen) zwischen **Fünen** und **Seeland** mautpflichtig. Die einfache Strecke kostet für einen PKW etwa **34 €**. Die Storebæltsbroen besteht aus zwei Abschnitten, die sich auf der kleinen Insel Sprogø treffen. Den westlichen Abschnitt von Seeland nach Sprogø markiert eine eher schmucklose Betonbrücke, die von Bahn- und Autoverkehr gleichermaßen genutzt wird. Zwischen Sprogø und Fünen verläuft der berühmtere Teil der Brücke, der von zwei ♥ 254 Meter hohen Pylonen gehalten wird. Mit ihrer Höhe überragen die Brückenpfeiler jeden Hügel in Dänemark! Der Bahnverkehr wird ab Sprogø in einen Tunnel geleitet.

➚ storebaelt.dk

Höchste Brücke Dänemarks

Die Brücke und die Mautstationen sind rund um die Uhr geöffnet. Auch beim Sturm kommen Einschränkungen in der Passage selten vor, denn man fährt mit oder gegen den Wind. Windempfindliche Fahrzeuge sollten aber unbedingt die Anzeigen vor der Passage beachten.

Ebenfalls mautpflichtig ist die ♥ Øresund Brücke zwischen **Kopenhagen** und der schwedischen Stadt **Malmø**. Die Øresund Brücke ist eine schwedisch-dänische Gemeinschaftsproduktion, die am 1. Juli 2000 eröffnet wurde. Mit knapp acht Kilometern Länge und einer Gesamthöhe von 204 Metern ist sie etwas kleiner als die Storebæltsbroen. Eine Passage kostet etwa **50 €**. Wer sich den Weg über Sassnitz auf Rügen sparen möchte, um nach **Bornholm** zu reisen, nimmt die ♥ Øresundsbron, wie sie offiziell heißt, und anschließend die Fähre von Ystad nach Rønne. Außerhalb der Hochsaison verkehrt die Fähre ab Sassnitz nicht mehr täglich. Im Winter ist die Überfahrt ab Sassnitz aber etwas günstiger als die Fähre von Ystad oder Køge. Am besten man prüft vor der ferienhausbuchung zunächst die Fährverbindung.

➚ oresundsbron.com

TIPPS ZUR ANREISE NACH DÄNEMARK

Reif für die Insel! Die aktuellen Tarife für alle wichtigen Fährverbindungen von Deutschland nach Dänemark und auf die beliebtesten dänischen Ferieninseln gibt es hier.

URLAUBSREGIONEN

Ein Urlaub an der Nordsee bitte, aber nicht da wo alle sind? Ein Ferienhaus in **Thy** oder in **Tversted** an der Tannisbucht wäre eine ruhigere Alternative. Riesig und sehr abwechslungsreich ist die Auswahl an Urlaubszielen entlang der **Ostseeküste von Jütland**, auf **Seeland** oder direkt am Ufer des **Limfjords**.

Thy/Limfjord – ein Inselreich mitten in Dänemark

Ein blaues Band zwischen den Meeren, das den Norden von Jütland zur Insel macht, ist der Limfjord. An seinem Ufer wechseln sich imposante Steilküsten mit flachen Wiesen und Sandstränden ab. Seine geologischen Besonderheiten und die vielen kleinen Inseln und Buchten verdankt er der eiszeitlichen Landmassenwanderung. Der Nationalpark Thy mit einem kilometerlangen, unberührten Dünengürtel und artenreichen Waldgebieten trennt die Region von der Nordseeküste.

Eine Landschaft mit Suchtpotential

Dänemarks ältester **Nationalpark Thy** und die angrenzende, abwechslungsreiche Landschaft am Limfjord bieten dem staunenden Gast eine perfekte Mischung aus lieblichen Buchten, beeindruckenden Steilküsten, üppigen Wäldern, kilometerlangen Stränden und schier unendlichen Dünen. Wer einen Urlaub am Limfjord plant, sollte sich zunächst mit den unterschiedlichen, ♥ landschaftlichen Besonderheiten vertraut machen, um die beste Lage zu finden. Spannend sind vor allem die Küsten und Inseln im Westen und Süden des Fjords.

Mehr auf Seite 34

Bekannte Orte wie die Surferparadiese ♥ Klitmøller und ♥ Vorupør an der Nordsee bieten trotz der Abgeschiedenheit eine gute Auswahl an Einkaufsmöglichkeiten und Gastronomie, umgeben vom ♥ Wildreservat Hanstholm.

Mehr auf Seite 42

Die Fjordinseln ♥ Mors, Fur, Venø und Lundø sind über kleine Fähren oder eine Brücke zu erreichen. In den Buchten entlang der Südostküste zwischen Struer, Viborg und Logstør stehen viele Ferienhäuser im Grünen. Schöne Aussicht und teils gute Bedingungen für Surfer trösten dort über das etwas trübe Fjordwasser hinweg.

Naturerlebnisse

Die eiszeitliche Hügellandschaft der Region wirkt besonders imposant an den ♥ Steilküsten. Der Blick von einer Steilküste wie in Toftum Bjerge oder Krig Vig ist ebenso prächtig wie die Aussicht auf einen der gegenüberliegenden, hoch aufragenden Küstenabschnitte. An einigen Steilküsten kann man die geologische Entwicklung der Landschaft erforschen.

Egal, für welchen Ort man sich entscheidet und zu welcher Jahreszeit man reist: Die beeindruckende Wasserfläche des Limfjords, das Brausen der Nordseewellen hinter der kilometerlangen Dünenkette in Thy und der Duft und das Farbspiel der Wälder und Heidewiesen hinterlassen einen bleibenden Eindruck. Vorsicht, Suchtgefahr!

Ferienhäuser und Sehenswürdigkeiten rund um den Limfjord

Die schönste Ferienhaussiedlung im Süden des Limfjords heißt **Toftum Bjerge**. Sie steht bei **Humlum** an einer ♥ imposanten Steilküste, die sich bis zu 50 Meter über dem Nissum Bredning erhebt und recht schnell nach Westen hin abfällt. Unterhalb der Hügel liegt ein langer Sandstrand. Vom höchsten Punkt der Küste führt eine lange Treppe hinab, barrierefrei erreicht man den Strand von einem Parkplatz am Remmerstrandvej. Von oben kann man den traumhaften Blick über den Fjord barrierefrei genießen, eine kleine Bank lädt zum Verweilen und Staunen ein. In der Ferne liegt die Oddesundbroen zur Halbinsel **Thyholm**, über die man einen Ausflug in den Nationalpark Thy unternehmen könnte.

Naturerlebnisse

Die Venø Bucht liegt östlich von Humlum. Der Name der Bucht würdigt die kleine Insel **Venø**, ein ♥ Eiland der Ruhe, nur wenige Fährminuten vom Festland entfernt und doch eine andere Welt! Auf der Insel werden ein paar sehr idyllisch gelegene Ferienhäuser vermietet. Am Campingplatz bekommt man im Sommer Lebensmittel, weitere Geschäfte gibt es hier nicht. Auf dem Friedhof steht die kleinste Kirche Dänemarks und am winzigen Hafen sieht man ♥ Surfschüler auf ihren Brettern üben. An der Westküste gibt es zwei naturschöne Sandbuchten. Den See ♥ Nørskov Vig, der durch Wind und Strömung nach und nach versandet, umgibt ein Waldgebiet, das zum Spazieren einlädt. Wer auf Venø Urlaub macht, kommt bestimmt erholt zurück!

Wassersport

Die Fähre nach Venø legt nördlich von **Struer** ab. Struer ist die Heimat der Klang- und Designkünstler ♥ Bang und Olufsen. Es hat einen beliebten Jachthafen mit einem Hafenrestaurant und allerlei Geschäfte für den täglichen Bedarf.

struermuseum.dk

Am Lovns Bredning, einer weiteren Bucht im Limfjord, stehen schicke Ferienappartements rund um den Jachthafen von **Skive**. Das Freilichtmuseum ♥ Hjerl Hede zwischen Skive und **Holstebro** widmet sich dem historischen Alltagsleben seit der Steinzeit. Zwischen Mai und Oktober sind hier Handwerker und Bauern bei der Arbeit, ganz so, wie in den vergangenen Jahrhunderten. Holstebro ist die größte Stadt der Region. Neben vielen Museen aller Art weist sie eine ungewöhnlich hohe Dichte an Straßenkunst vor. Selbst ein Werk von ♥ Alberto Giacometti steht hier! Die zierliche Skulptur (Frau auf dem Karren) vor dem ehemaligen Rathaus an der Nørregade wird von den Bewohnern liebevoll „Maren" genannt.

Geschichte

Unspektakulär und sehr erholsam ist die schmale Halbinsel **Lundø**. Die Ferienhäuser stehen in einem kleinen Wäldchen, der Campingplatz mit Lebensmitteln, einem Bistro und einem ♥ Kanuverleih hat von März bis Oktober geöffnet. An der Nordspitze von Lundø ist der Strand recht breit und sandig. Eine schmale Landzunge, die mehrere Kilometer in den Fjord hinein ragt, darf zu bestimmten Zeiten auch zum Wandern betreten werden. Im Norden sieht man die Küste von **Louns** und **Hvalpsund** liegen, ein lauschiges Gebiet mit einem naturgeschützten See und Ferienhäusern in grüner Umgebung. Der ♥ Herregård Hessel, ein imposanter, weißer Reetdachhof zwischen beiden Orten, ist heute ein Heimatmuseum. Im Sommer öffnet dort ein kleines Café.

Wassersport

Geschichte

Doch zurück zum Dorf Lundø, denn es lässt das Herz von Schnäppchenjägern höher schlagen! Hier hat man gleich mehrere ♥ Scheunenflohmärkte zur Auswahl. Einen entzückenden Secondhand-Laden mit einem farbenfrohen Café hat Sanne Villadsen aus ihrem Haus gemacht. Ihr Café ♥ Savillas ist von März bis Oktober geöffnet. Es ist ein beliebtes Ausflugsziel, für das man unbedingt einen Tisch vorbestellen sollte.

savillas.dk

Ein Ferienhaus auf der großen Halbinsel **Salling**, die sich von Skive bis hoch zur Fjordinsel Fur erstreckt, ist der ideale Standort für Ausflüge rund um den Limfjord. Über Brücken erreicht man sowohl den östlichen Limfjord als auch die Westküste und den Nationalpark Thy. An Sallings Westküste steht die wunderschöne, mittelalterliche ♥ Burg Spøttrup. Sie gilt als die am besten erhaltene Burg in Dänemark. Diesen Eindruck verstärkt noch, dass sie fast im Originalzustand erhalten ist. Einsam wacht sie am Spøttrup Sø, genauso geradlinig und schön wie im 15. Jahrhundert. Wenn im Burghof nicht gerade Markttag ist oder eine Oldtimershow stattfindet, ist es ein fast meditativer Ort der Ruhe.

Wer gern mit den kleinen ♥ Limfjordfähren übersetzt, könnte sich ein Ferienhaus auf der Insel **Fur** mieten. Fur liegt im Norden vor Salling und ist eine vielseitige Urlaubsinsel, die nicht nur eine kleine ♥ Brauerei beheimatet, sondern mit hochinteressanten, geologischen Formationen gesegnet ist. Das ♥ Fur Museum präsentiert die Erdgeschichte zwischen Mammuts und Fossilienfunden auch für die kleinsten Besucher sehr spannend.

Tipp für Familien

Zwischen Salling und Thy liegt die größte ♥ Limfjordinsel Mors mit der Stadt **Nykøbing Mors**, nicht zu verwechseln mit den gleichnamigen Städten auf Falster und Westseeland.

Mehr auf Seite 42

Südlich von Løgstør liegt die Ferienhaussiedlung **Trend**. Die Siedlung schmiegt sich an einen flachen, üppig grünen Hang. Die weiße, muschelübersäte Sandbucht erinnert an einen schönen Ostseestrand. Viele ♥ Surfer kreuzen im Wind, aber auch zum Sonnen und Baden ist der Strand gut geeignet. Der Supermarkt und das Restaurant im Ferienhausgebiet öffnen vor allem in der Saison. Wenige Kilometer weiter kann man am ♥ Gunderup Fiskesø Forellen angeln. Nördlich von Trend stand einst das ♥ Kloster Vitskøl, von dem heute nur noch Ruinen sichtbar sind. Der ♥ Klostergarten wird von einer schönen Gärtnerei mit Blumenladen gepflegt. Südlich von Trend liegt **Ertebølle**. Das Steinzeitmuseum ♥ Stenaldercenter Ertebølle ist ein kleines, aber sehr spannendes Museum für Besucher aller Altersgruppen. Dass auch die Aussicht von der Steilküste sehenswert ist, versteht sich von selbst!

Wassersport

Angeln

Geschichte

Lokale Spezialitäten

Der Limfjord ist bekannt für seine ♥ Muschelzucht – das Wasser ist der ideale Lebensraum für diese Köstlichkeiten. Im gemütlichen Städtchen **Løgstør** steht das ♥ Limfjord Museum. Hier findet im Sommer alljährlich ein kulinarisches Muschelfestival statt. Die Auswahl an Restaurants und Feinkostläden, in denen es nicht nur Muscheln gibt, macht Løgstør zu einem Tipp für Genießer. Ebenfalls ein Genuss ist der Besuch des ♥ Weinguts zwischen Trend und Løgstør.

glenholm.dk

Mein Tipp

Die Insel **Fur** liegt im Norden vor Salling. Hier gibt es alles was den Limfjord ausmacht: Weite, Ruhe, Steilküsten, ein paar Sandstrände und Ferienhäuser in der Natur. Im **Fur Bryghus** werden verschiedene Sorten Bier gebraut, die in Dänemark recht bekannt sind. Das Bryghus-Restaurant lockt auch Gäste vom Festland auf die Insel, ebenso wie die Boutique von **Fru Jensen** und die bunten Fischskulpturen überall auf der Insel stehen. Fur erreicht man mit der Fähre ab Branden.

Imposanter Ausblick

Wer sich nicht entscheiden kann zwischen brausender Nordsee und idyllischem Fjordufer, dem sei ein Ferienhaus am **Krik Vig** empfohlen. Krik Vig ist die schmale Bucht am Limfjord vor der Landzunge Agger Tange. Die Ferienhäuser stehen oberhalb der Bucht auf einer 40 Meter hohen ♥ Steilküste mit Blick auf die Nordsee. Selbst das Meeresrauschen hört man hier oben!

Schöne Aussicht

Wassersport

Den besten Ausblick über den Limfjord und dazu eine Fülle von Informationen und Ausflugstipps bekommt man im ♥ Doverodde Købmandsgård in **Doverodde** zwischen Thyholm und **Hurup Thy**. Der 40 Meter hohe Turm war einst Getreidespeicher, heute gibt es einen flotten Fahrstuhl zur Aussichtsterrasse auf dem Dach. In jeder Etage des Turms sind Informationen zur Natur am Fjord kindgerecht und interessant aufbereitet. Sportliche Naturen können bei ♥ Nordvest Safari einen Paddelkurs belegen oder – kein Scherz – den Turm von außen erklettern! Hinter dem Turm liegt das originalgetreue Abbild eines Wikingerschiffs vor Anker. Ein kleiner Laden mit regionalen Produkten verkauft auch Getränke, die man auf einem der schönen Picknickplätze am See genießen kann.

Urlaub im dänischen Nationalpark Thy

Dänemarks erster Nationalpark

Agger ist einer der drei größeren Orte im unwirklichen und einsamen ♥ Nationalpark Thy an der Nordseeküste. Bis nach Hanstholm reicht die 50 Kilometer lange, nur wenig besiedelte Sand- und Heidewildnis. Die Klitplantagen, von Hand gepflanzte Dünenwälder, wurden vor mehr als einhundert Jahren angelegt, um das ewige Sandtreiben einzudämmen. Heute sind sie zu ♥ üppigen Mischwäldern herangewachsen und bieten dem Auge eine willkommene Abwechslung in der Dünenweite.

Wandern und Radfahren

Agger ist ein kleiner, schmucker Fischerort mit schönen Ferienhäusern und einer Skulpturenmeile am Meer. Der Bildhauer Jens Erik Kjeldsen hat sie während des alljährlichen ♥ Skulpturenfestivals eingerichtet. **Hanstholm** an der Nordspitze von Thy ist nicht unbedingt ein Urlaubsort, aber vom ♥ Leuchtturm aus hat man den besten Blick über die Küste. Der weiße Leuchtturm und das ♥ Bunkermuseum sind die einzigen Attraktionen, abgesehen vom Fischereihafen.

museumscenter-hanstholm.dk

Näher an Agger steht ein weiterer Leuchtturm: ♥ Lodbjerg Fyr. Zwischen dem Flade Sø und der Nordsee steht er einsam in den waldigen Dünen. Liebt man die Abgeschiedenheit, könnte man im Shelter hinter dem Turm übernachten, fernab vom nächsten Ort. Etwas nördlich davon liegt das Fischerdorf **Lyngby** mit einer Strandzufahrt. Da es nur wenige Ferienhäuser in der Umgebung gibt, ist man auch hier meist allein mit sich und dem Meer.

Die **Vigsøbucht** im Norden von Thy grenzt an die Jammerbucht, der Höhenzug **Bulbjerg** bildet die Grenze zwischen beiden Buchten. Die nächsten Ferienhäuser stehen im etwas schmucklosen **Lild** und in der südlichen Jammerbucht in ♥ Slettestrand und Thorup Strand.

Mehr auf Seite 48

THY/LIMFJORD

THY/LIMFJORD **TIPPS**

- Wassersport
- Geschichte
- Naturerlebnisse
- Wandern & Radfahren

QR-Code scannen und weiterstöbern! Den kompletten Artikel zum Ort mit Strandfotos, interessanten Ausflugszielen und vielen Ferienhäusern gibt es hier.

Løgstør
Limfjordkanal

Vorupør – Fischerdorf mit Urlaubsflair

Vorupør ist ein weitläufiges Ferienhausgebiet im Nationalpark Thy, in dem die Nordsee und alle ihre Möglichkeiten den Ton angeben. Fischerboote landen am Strand an, rund um den kleinen Parkplatz am Hafen herrscht entspannte Urlaubsstimmung und im Aquarium kann man das Leben unter Wasser beobachten.

Fische, Ferienhäuser und Meer in Vorupør

Boote und Häfen

Lokale Spezialitäten

Im Fischerdorf **Vorupør** gehört der Fischfang noch heute zum Tagesgeschäft. Ein Hafenbecken gibt es nicht, die Boote werden hinter der letzten Häuserreihe mit Seilwinden und Traktoren auf den ♥ Landingsplads am Strand gezogen. Die blau-weißen Schiffe sind nach wie vor zum Fischfang unterwegs. Das wissen auch die Möwen, die tagein, tagaus nach Leckerbissen Ausschau halten, die nicht für den Kühltresen der Fischgeschäfte geeignet scheinen. Gleich zwei ♥ Fischgeschäfte mit Räucherei trennen den Strand vom kleinen Dorfparkplatz. Strahlend weiße Häuser mit gemütlichen Bänken vor den Türen rahmen den Platz ein. Wenn die Sonne lacht, erinnert die Stimmung ein wenig an mediterrane Küstendörfer.

Im Sommer öffnen ein paar Läden mit Kerzen, Bernsteinschmuck oder Surfbedarf. Auch wenn Vorupør nicht das ♥ Cold Hawaii des Nordens ist, erfreut sich der Ort bei Surfern großer Beliebtheit, was den mediterranen Charakter noch unterstreicht. Das längste Gebäude direkt an der Strandzufahrt beheimatet das ♥ Nordsee-Aquarium mit mehr als 80 Fischarten. Dahinter liegen Dünen, Sand und das Rauschen des Meeres!

Mehr auf Seite 38

north-sea.dk

In den letzten Jahren hat man einiges getan in Vorupør, um den Ort für Urlauber noch attraktiver zu machen. Die lange Mole, die die Wellen von Südwesten bricht, bildet mit dem Landingsplads eine malerische Bucht. Ein befestigter Fußweg führt bis zum Ende der Mole, wo die Angler im Wind stehen. Ein weiterer Parkplatz versteckt sich hinter dem Aquarium. Das ♥ Vesterhavscaféen zwischen Strand und Aquarium bietet eine große Auswahl an Speisen von Hot Dog über Eis bis hin zu köstlichen Salatkreationen oder Fischgerichten. Gratis dazu bekommt man die ♥ beste Aussicht auf die bunten Fischerboote. Neben der Mole hat man ein befestigtes Badebecken in den Sand gemauert. Es ermöglicht den barrierefreien Zugang ins Meer für alle Altersgruppen. Die starke Strömung bleibt draußen, nur das frische Salzwasser fließt ins Bassin. Unberührte Weite und sehr viel Sand findet man auf dem bis zu 200 Meter breiten Strand in Richtung Süden.

Auf der Vesterhavsgade geht es ins Ortszentrum und zu den strandnahen Ferienhäusern von Vorupør. Ein Schlachter, eine Bäckerei und ein gut sortierter Supermarkt bieten alles, was man im Urlaub braucht. Auch die ♥ Touristeninformation hat einen Stand im Supermarkt, hier kann man unter anderem ♥ Ausritte auf Islandpferden buchen und ♥ Fahrräder mieten. Gegenüber vom Kaufmann steht eine für Dänemark ganz untypische, rote Backsteinkirche. Vorupør ist sehr weitläufig und wenig touristisch, trotzdem ist man hier gut versorgt.

Wandern & Radfahren

Sønder Vorupør liegt südlich vom Ortszentrum im Land. Es ist umgeben von einer herrlichen ♥ Heidelandschaft. Schwer zu sagen, welche Lage schöner ist, auch wenn man von Sønder Vorupør zu Fuß etwa einen Kilometer durch die Dünen wandern muss, um zum Strand zu gelangen. Der nächste Strandparkplatz liegt in den Dünen am Ende des Bækvejs. Der Weg vom Parkplatz zum Strand ist nicht befestigt, aber breit und nur kurz. Zwei weitere Strandparkplätze liegen nördlich von Vorupør am Hawblink, hier ist der Strand etwas schmaler als im Süden.

Wandern & Radfahren

Ein Geisterwald in Bøgsted Rende

Zwischen Vorupør und Klitmøller führt der Bøgsted Rende Vej zu einem Bach, der in die Nordsee mündet. Früher standen einige Häuser in den Dünen, was dem Flecken seinen Namen gab: **Bøgsted Rende** – Bebaute Rinne. Bereits im 19. Jahrhundert wurde die Siedlung wegen des stetigen Sandtreibens wieder aufgegeben. Das Besondere an diesem Ort sind die verwitterten Baumstämme, die aus dem Sand ragen. Bøgsted Rende ist Teil der ältesten Dünenplantage in Dänemark, sie heißt ♥ Tvorup Klitplantage. Mitte des 19. Jahrhunderts pflanzte man an der Bachmündung verschiedene Baumarten an, um ihre Widerstandsfähigkeit im Sand zu testen. Die meisten Bäume waren den schwierigen Bedingungen nicht gewachsen, davon zeugen die flechtenbewachsenen, toten Stämme und Äste in den Dünen. Dass heute trotzdem ein Wald bis an den Strand heranreicht, verdankt man den Kiefern. Sie behaupteten sich und trotzen windgebeugt den Naturkräften. Wenn man in den Heideflächen sieht, wie dünn die dunkle Humusschicht ist, erahnt man leicht, wie schwierig die Lebensbedingungen der Pflanzen sind. Nur wenige Zentimeter unter der Oberfläche blitzt der Sand hervor, der weder Wind noch Regengüssen standhält.

Naturerlebnisse

Wandern und Radfahren

Vom Parkplatz führen verschiedene, farbig markierte ♥ Wanderwege durch die Dünen. Der Wechsel von sandigen Heidewiesen zu feuchten Bachrändern unter Bäumen ist sehr reizvoll. Da die Dünen teilweise recht hoch sind und der Aufstieg nicht ganz einfach ist, sollte man gut zu Fuß sein. Vom Tvorupgård im östlichen Teil der großen Plantage führt auch ein ♥ barrierefreier Pfad durch die Natur.

Der Landingsplads von Stenbjerg

Das kleine Dorf **Stenbjerg** liegt etwa zwei Kilometer südlich von Vorupør. Zwischen den Häusern der kaum 200 Anwohner stehen auch einige Ferienhäuser. Wer Ruhe und Weite sucht, ist hier goldrichtig.

Die besondere Attraktion des Ortes ist der historische ♥ Landungsplatz am Meer. Dort, wo die Fischer früher ihren Fang an Land zogen, säumen noch heute weiße Fischerhütten mit farbigen Türen und Fensterrahmen den Weg zum Strand. Einen so malerischen Flecken sieht man auch an Dänemarks Küsten nicht oft! Die Anwohner pflegen und erhalten die Steinhäuschen im Originalzustand. Inzwischen sind aber nur noch Freizeitkapitäne oder Hobbyangler unterwegs, für einen gewerblichen Fischfang sind die Boote

Dünen in Stenbjerg

heute zu klein. Zwei der malerischen Gebäude sind für Besucher geöffnet. Eine Ausstellung zum Nationalpark Thy und ein ♥ Rettungsmuseum haben die Stenbjerger zusammengestellt.

Sehr klein ist auch die ♥ Touristeninformation, die in einem ehemaligen Stromhäuschen gegenüber der Kirche Platz findet. Hier liegen Prospekte und Wanderkarten für den Nationalpark aus sowie die Touristenzeitung mit allen wichtigen Adressen und Terminen für die Region.

In den Dünen rund um Stenbjerg reifen im Spätsommer allerlei ♥ süße Beeren: Heidelbeeren, Schwarzbeeren und auch einige Preiselbeeren – das Sammeln ist allen Gästen erlaubt! Nachts funkeln die Sterne am dunklen Himmel wie kleine Diamanten, das Meer rauscht dazu sein nicht enden wollendes Lied in der unberührten, fast menschenleeren Natur von Thy.

Lokale Spezialitäten

Mein Tipp

Gemütlich speisen kann man im **Stenbjerg Kro & Badehotel**, der Fisch und andere lokale Köstlichkeiten werden aus der Schatzkammer des Nationalparks serviert. Sonntags und zu den Feiertagen gibt es ein Buffet, um Voranmeldung wird gebeten.

VORUPØR **TIPPS**

- Naturerlebnisse
- Wandern & Radfahren
- Boote und Häfen
- Lokale Spezialitäten

QR-Code scannen und weiterstöbern! Den kompletten Artikel zum Ort mit Strandfotos, interessanten Ausflugszielen und vielen Ferienhäusern gibt es hier.

Lage

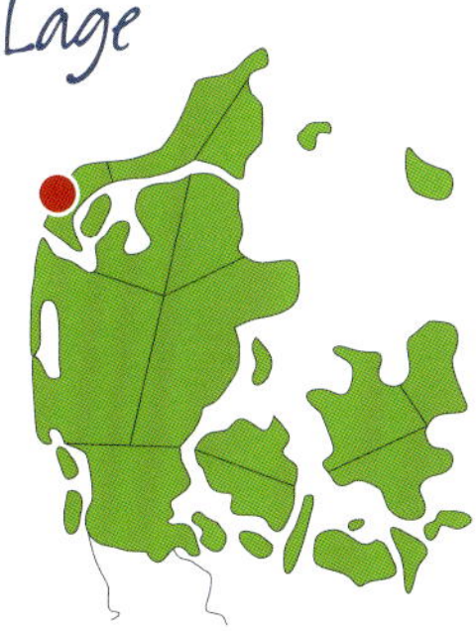

Klitmøller – das Surferparadies

Im Nationalpark Thy, der an sich schon eine Reise wert ist, liegt das Fischerdorf Klitmøller. Unter Surfern ist es als Cold Hawaii bekannt. Ein Muschelriff vor der Küste sorgt für perfekte Surfwellen und lockt seit Jahren eine bunte Fangemeinde an. Die Ferienhäuser liegen weitläufig in den Dünen. Am langen, etwas steinigen Strand verschlägt einem die gewaltige Nordsee schon mal den Atem.

Ferienhausurlaub in Klitmøller

Früher war **Klitmøller** ein abgelegenes Fischerdorf, in dem die Fischerboote mit Motorwinden auf den Strand gezogen wurden. Heute beherrschen Feriengäste und vor allem die ♥ Surfer den Strand rund um den sogenannten Landingsplads im Ortszentrum. Die Fischerei ist nach **Hanstholm** umgezogen, heute liegen nur noch vereinzelte, kleine Boote auf dem Strand.

Wassersport

Den Beinamen „Cold Hawaii" verdankt Klitmøller einem fünf Kilometer langen Muschelriff, das die Wellen vor der Küste „ordnet", wie die Surfer sagen. Seit etwa 20 Jahren wird hier sogar eine Europäische Surfmeisterschaft, der **PWA-Worldcup,** veranstaltet. Für Gäste und Teilnehmer hat man eine große Tribüne hinter die rot-weißen Fischerhütten gebaut, die sich trotz Beton harmonisch in das Gesamtbild einfügt. Vom Dach der Tribüne sieht man das ganze Jahr die Surfer auf den Wellen kreuzen. Wer dabei selber Lust auf Wellenreiten bekommt, kann im Sommer Surfkurse bei ♥ Westwind oder im ♥ Cold Hawaii Surfcamp belegen.

westwind.dk

coldhawaiisurf-camp.com

In den frühen 1980er Jahren, als der Surfboom die europäischen Küsten entlang fegte, wurde Klitmøller von den sportlichen Urlaubern fast überrannt. Die permanente Partystimmung war manchem Einwohner suspekt, denn viel Geld brachten die Surfer damals nicht mit, dafür Graffiti-Spraydosen und den Kofferraum voll mit Proviant aus Deutschland. Heute hat sich die Lage entspannt. Die Wellenreiter von damals mieten nun ein Ferienhaus und bringen ihre Kinder mit, die friedlich im Sand buddeln oder Steine sammeln, während ihre Eltern auf die perfekte Welle warten. Am Südstrand hinter dem Campingplatz, wo Graffiti-besprühte Bunker an die wilden Jahre erinnern, ist der Sand etwas feiner, aber von dort sieht man die Wellen nicht so gut wie nördlich des Hafens.

Im ♥ Restaurant Niels Juel wird abends ein großes Fischbuffet serviert und in der benachbarten ♥ Røgeri kann man den geräucherten Fisch gleich auf der Terrasse verspeisen.

Südlich von Klitmøller liegt **Vangså**, ein einsamer Strandabschnitt für alle, die am liebsten niemanden treffen wollen! Eine Handvoll Ferienhäuser gibt es hier, sie stehen etwas abseits vom Strand.

Wandern, Baden und Spielen im Nationalpark

Naturerlebnisse

Im Hinterland von Klitmøller liegt ein wahrer Schatz: Dänemarks erster ♥ Nationalpark Thy. Er beginnt in **Agger Tange** an der Mündung des Limfjords und endet bei **Hanstholm**. Der Abschnitt zwischen Klitmøller und Hanstholm ist ein ♥ Wildreservat mit einer Dünenlandschaft, die selbst im dünenverwöhnten Dänemark einmalig ist. Am Strand rauscht das Meer ungestüm an die Küste, baden wird hier nicht empfohlen. Auf der zehn Kilometer langen Küstenstraße nach Hanstholm muss man immer mal wieder anhalten, um sich zu vergewissern, dass diese großartige Landschaft wirklich echt ist! Den schönsten Blick hat man vom ♥ Leuchtturm in Hanstholm, aber auch mitten im Wildreservat stehen Aussichtstürme.

Wandern und Radfahren

Im Osten von Klitmøller locken die ♥ Dünenplantagen von Tved und Visbøl in die Natur. Verschiedene Rundwege führen durch den Wald. Mit etwas Glück erspäht man bunte Schmetterlinge, verschiedene Vogelarten, einen Dachs oder gar Rotwild. In der Tved Plantage, oberhalb des Dörfchen **Sårup,** hört man das Meer noch rauschen und riecht den Duft der Heidedünen. Im Spätsommer ist ♥ Pilzzeit, dann schwärmen die Kenner mit ihren Körben in den Wäldern aus. Die Tved Plantage soll eine Goldgrube für Sammler sein. Aber auch Heidelbeeren, Moosbeeren und Moorbeeren wachsen hier. Für ♥ Marmelade und Kräuterschnäpse muss man sich ein bisschen auskennen oder man hofft auf einen Straßenverkauf, in dem die Köstlichkeiten schon fertig zubereitet angeboten werden.

Lokale Spezialitäten

Naturerlebnisse

Wenn im Frühsommer das Meer noch zu kalt ist oder der Wind die Sonnenhungrigen vom Strand vertreibt, bieten sich die Seen ♥ Vandet Sø und ♥ Norssø an der Straße nach Thisted an. Am Norssø gibt es eine flache Badestelle mit Picknickbänken. Auch ein Feuerplatz und sogar Brennholz stehen zur freien Verfügung. Frösche und kleine Fische leben in den Uferzonen und Kletterbäume sowie ein Aussichtsturm am See sind ein beliebtes ♥ Ausflugsziel mit Kindern. Auch bei trübem Wetter kann man sich hier prima austoben. Am größeren Vandet Sø gibt es einen ♥ Hundewald und ebenfalls eine kleine Badestelle.

Urlaub mit Hund

Einkaufsbummel auf den Spuren der Olsenbande

In Klitmøller öffnen ganzjährig der Supermarkt, ein Bäcker und ein Schlachter mit allen Köstlichkeiten für den Urlaub. Für einen ausgiebigen Einkaufsbummel lohnt sich die Fahrt nach **Thisted**, der Hauptstadt der Region Thy. Die Fußgängerzone mit vielen Geschäften ist eher von modernen Gebäuden geprägt, was aber der Atmosphäre nicht schadet.

In den Seitenstraßen stehen hübsche, historische Gebäude mit Cafés oder Feinkostläden wie dem Wein- und Käsehandel ♥ Vin og Ost in der Skovgade. Das ♥ Thisted Brauhaus, gegründet bereits 1902, lädt zur Besichtigung ein. Am Hafen hat man vom modernen ♥ Café Salto einen schönen Blick über den Fjord. Im ♥ Fiskehuset bekommt man frischen und geräucherten Fisch, ebenso wie in der Räucherei ♥ Det gamle Røgeri am Nørretorv.

Lokale Speziali-täten

Fans der Olsenbande werden sich vielleicht an den dritten Film **„Die Olsenbande fährt nach Jütland“** erinnern, der unter anderem in Thisted, an den Bunkern von Hanstholm und auch an der Küste um Klitmøller gedreht wurde. Noch heute reisen Olsenbanden-Fans in die Region und berichten darüber in diversen Internetforen!

KLITMØLLER **TIPPS**

- Wassersport
- Naturerlebnisse
- Wandern & Radfahren
- Lokale Spezialitäten

QR-Code scannen und weiterstöbern! Den kompletten Artikel zum Ort mit Strandfotos, interessanten Ausflugszielen und vielen Ferienhäusern gibt es hier.

Mors – Blumenpracht und hohe Küsten

Die Insel Mors ist die größte Insel im Limfjord. Sie liegt zwischen dem Nationalpark Thy und der Halbinsel Salling. Das idyllische Nykøbing Mors, der farbenfrohe Jesperhus Blomsterpark, üppig grüne Ferienhaussiedlungen und eine geologisch interessante Steilküste mit Fossilien sind Grund genug, nach Mors zu reisen.

Ferienhäuser in schöner Natur

Boote und Häfen

Die Landschaft auf **Mors** ist überall ähnlich, daher liegen die Ferienhausgebiete fast gleichmäßig verstreut auf der ganzen Insel. Die meisten Häuser bietet **Sillerslev** im Süden von Mors, wo es am ♥ Sønderby Jachthafen ein Café und einen recht breiten Strand gibt. Auch **Ejerslev** an der Nordostküste hat einen kleinen Hafen und beliebte Ferienhäuser, hier ist der Strand etwas sandiger als im Süden. Der längste und beste Sandstrand liegt vor **Skarum** in der Dråby Bucht. Ferienhäuser gibt es dort nur sehr wenige, doch von Ejerslev ist es nicht weit nach Skarum. Wer es etwas lebhafter mag, kann auch direkt in der Inselhauptstadt **Nykøbing Mors** wohnen.

Entlang der Westküste von Mors stehen eigentlich überall Ferienhäuser, mal zehn Häuser an dieser Küste, dann wieder ein paar Häuser an der nächsten Bucht, umgeben von Feldern und sanft hügeligen Wiesen. Ruhe ist hier garantiert, auch in der Hochsaison. Ganz im Süden schließt die kleine Insel **Agerø** an, die teilweise als ♥ Vogelschutzgebiet ausgewiesen ist und auch einige Ferienhäuser bietet. Naturerlebnisse

Spuren der Eiszeit

Imposant ist der Norden von Mors. Hier hat die Eiszeit zwei ♥ Steilküsten hinterlassen, die die Landschaft zu einem sanften Hügelgebiet verändern. **Hanklit** ist die höchste Erhebung der Insel. Bis zu 60 Metern fällt diese Tonklippe zum Fjord hinab. Der Ton, aus dem diese Hügel bestehen, heißt Moler. Er ist durchzogen von vulkanischen Aschespuren und sehr reich an fossilen Pflanzen- und Tierresten. Auf eigene Faust Fossilien ausgraben darf man nicht, doch das ♥ Moler Museum bietet geführte Fossilientouren für alle Altersstufen an. Im Museum können interessierte Besucher versteinerte Bäume und urzeitliche Tiere bewundern und einiges über die geologischen Besonderheiten der Region erfahren. Der Moler wird wegen seiner guten Saugfähigkeit abgebaut und zu Katzenstreu oder Ölbindemittel verarbeitet, daher steht unterhalb des Moler Museums eine große Industrieanlage am Fjord.

Naturerlebnisse

Geschichte

Der **Feggesund** trennt Mors von Nordjütland. Mit einer ♥ kleinen Fähre kann man hier nach Tofthuse übersetzen und die Vigsø Bucht oder die ♥ südliche Jammerbucht an der Nordsee erkunden. Eine schmale Landzunge reicht in den Sund, an der die Fähre ablegt. Der ♥ Feggesund Kro lädt zu einem gemütlichen Mittagessen ein. Auf der Landzunge ragt der **Feggeklit** wie eine Insel empor. Schroffe Steilküste und sanft abfallende Wiesen wechseln sich auf kleinstem Raum ab. Von der 23 Meter hohen Aussichtsplattform kann man den Sund in jede Richtung überblicken. Fast noch schöner ist aber der Blick von Süden auf den Feggeklit. Die verschiedenen Grün- und Gelbtöne der Felder und Wiesen und das blaugrüne Wasser sind bei strahlendem Himmel ein unvergesslicher Anblick! Auf diesem Hügel soll ♥ Hamlet, der in der nordischen Mythologie Amletus heißt, seinen Stiefvater ermordet haben. Shakespeare lässt die Geschichte im weitaus imposanteren ♥ Schloss Kronborg auf Seeland spielen. An den Ursprung der Tragödie auf Mors erinnert nur ein kleiner Gedenkstein am Klit.

Geschichte

Mehr auf Seite 170

Blumen und Feinkost in Nykøbing Mors

Dänemark hat drei Städte, die Nykøbing heißen. Um sie zu unterscheiden, bekam jede Stadt den jeweiligen Inselnamen als Zusatz: Sjælland, Falster und Mors. Im Alltag wird die Insel häufig mit dem Anfangsbuchstaben abgekürzt, **Nykøbing Mors** wird schlicht zu Nykøbing M.

Geschichte

Im 13. Jahrhundert schon bekam Nykøbing Mors das Marktrecht zuerkannt, seitdem durfte es sich Stadt nennen und wurde zum Handelszentrum. Die mittelalterlichen Gebäude fielen leider fast alle diversen Stadtbränden zum Opfer. Das älteste, noch erhaltene Gebäude ist das einstige ♥ Dueholm Kloster, heute beherbergt es das ♥ Mors Museum.

Boote und Häfen

Den größten Aufschwung erfuhr Nykøbing Ende des 19. Jahrhunderts mit der Industrialisierung rund um den ♥ Hafen. Heute hat die Stadt etwa 9.000 Einwohner, denen es offensichtlich gut geht. Die Gassen sind gepflegt, die Fußgängerzone gesäumt von allerlei Boutiquen und der Hafen ist ein kleines Schmuckstück, in dem man gern sitzt und den Segelbooten zuschaut. Nach dem Bau der ♥ Sallingsundsbroen von Glyngøre nach Mors wurde der frühere Fähranleger zu einem florierenden Jachthafen umgebaut.

Lokale Spezialitäten

Die Fischkutter sind noch heute im Einsatz. Der Limfjord ist ein ertragreiches Gewässer für Krusten- und Schalentiere. Das ♥ Dansk Skaldyrcenter, ein Forschungs- und Informationscenter an der Hafeneinfahrt von Nykøbing, bietet im Sommer regelmäßig Führungen und Bootsfahrten auf dem Limfjord an.

Ein alljährlich Anfang Juni stattfindendes ♥ Skaldyrsfestival zieht Feinschmecker von nah und fern an. Der Eintritt zum Markt ist frei, nur das köstliche Buffet muss man bezahlen, rechtzeitige Reservierung für die Teilnahme wird empfohlen.

Familienurlaub

Vor den Toren von Mors liegt der ♥ Jesperhus Blomsterpark, ein prächtiger Blumengarten mit einem Kinderzoo, Spielplätzen, Schwimmbad und einer großen Indoorspielhalle. Bastelfreudige Kinder kennen sicher die kleinen, bunten ♥ Hama-Perlen, auch als Bügelperlen bekannt. Die kleinen Steckperlen kommen aus Nykøbing, darum erhalten Kinder beim Eintritt in den Blomsterpark eine kleine Geschenkbox mit dem Maskottchen des Parks zum Stecken. Hoffentlich hat Mutti ein Bügeleisen mit in den Urlaub genommen ;)

Über den Beginn der Industrialisierung auf Mors berichtet das ♥ Dansk Støberimuseet in Nykøbing, eine Ausstellung zur Geschichte der bäuerlichen Kultur zeigt der ♥ Skarregård in der Nähe des Moler Museums. Im ♥ Touristenbüro direkt am Hafen bekommt man neben vielfältigen Informationen zur Insel auch Fahrräder, E-Bikes und Kajaks vermietet.

Geschichte

visitmors.dk

Mein Tipp

Die Anreise nach Mors ist recht problemlos, denn sowohl von Salling im Osten als auch von Thy im Westen führen stählerne Brücken auf die Insel. Die ältere **Vilsundbroen** ist eine Klappbrücke, die für große Segler ab und an hochgefahren wird. Romantischer ist die Überfahrt mit der historischen **Næssundfærgen** nach **Hurup** oder mit der moderneren **Feggesundfærgen** nach Norden, beide Routen eignen sich wegen der Lage eher für einen Ausflug als für die Anreise.

MORS **TIPPS**

- Naturerlebnisse
- Geschichte
- Familienurlaub
- Boote und Häfen

QR-Code scannen und weiterstöbern! Den kompletten Artikel zum Ort mit Strandfotos, interessanten Ausflugszielen und vielen Ferienhäusern gibt es hier.

Lage

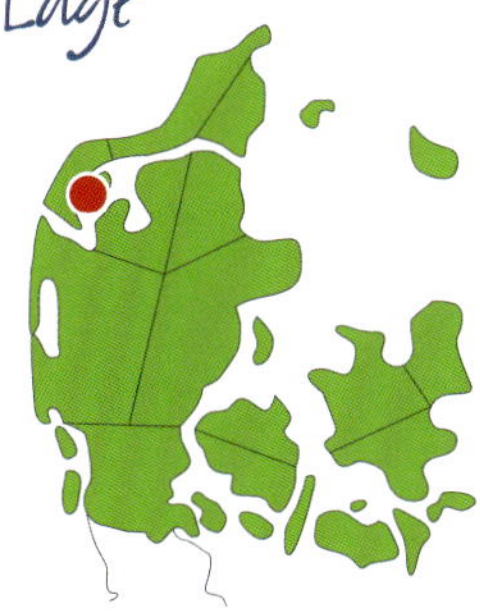

Nordjütland – Land zwischen den Meeren

Die Jammerbucht ist mit ihren kilometerlangen, feinen Sandstränden und den weißen Badehütten sicher die schönste Bucht an der dänischen Nordseeküste. Nördlich davon liegt die Tannisbucht. Hier geht es ruhiger zu, wenngleich die Bedingungen ähnlich gut sind.

Die beliebten Urlaubsorte an der Jammerbucht zwischen Blokhus und Hirtshals-Tornby haben wir bereits in unserem Reiseführer **Band I, Dänemark für Einsteiger** beschrieben. Wer weniger Trubel sucht, sollte sich einmal an der weiter nördlich gelegenen **Tannisbucht** umschauen. Sie ist etwas schmaler und nicht ganz so dicht bebaut, aber auch mit einem befahrbaren, feinen Strand gesegnet.

Mehr auf Seite 54

In ♥ Tversted wohnt man fast einsam zwischen Heide, Strand und Wald, im Ortszentrum gibt es einige Läden und Restaurants

Lokale Spezialitäten

sowie eine legendäre Eisdiele, das ♥ Blå Ishus. Ganz im Norden der Tannisbucht liegt

Mehr auf Seite 58

♥ Skagen zwischen den Meeren. Der Hafen von Skagen befindet sich zwar in der Ostsee, aber die schönsten Ferienhäuser stehen am Nordseestrand. Da Dänemark hier oben nur etwa drei Kilometer breit ist, bekommt man in Skagen zwei Meere zum Preis von einem!

Mehr auf Seite 48

Der südliche Abschnitt der Jammerbucht von ♥ Slettestrand bis **Thorup Strand** ist ein Paradies zum Wandern und Radfahren.

Surfen und Paddeln am Nordkap

Naturerlebnisse

Westlich der Hafenstadt Hirtshals liegt die ♥ Lilleheden Klitplantage mit Nadelwald, Heide und kleinen Seen. Die wenigen Ferienhäuser von **Kjul Strand** am Rand der Plantage sind ein Geheimtipp! Im Osten zwischen den Bäumen, im Westen mit freiem Dünenblick liegt die überschaubare Siedlung in der Plantage, ideal für Urlauber, die Ruhe in der Natur suchen. Die nächste Einkaufsmög-

lichkeit findet man daher auch erst einige Kilometer entfernt in Hirtshals und Tornby.

Mehr in Band I

Die guten Wind- und Wellenverhältnisse in Kjul locken Surfer an, denn die vorgelagerten Sandbänke und das Kap in Hirtshals sorgen für beste Surfbedingungen. Dass man seine Ausrüstung mit dem Auto direkt auf den schönen Sandstrand fahren kann, ist dabei sehr praktisch.

Das Moor-Heidegebiet der Lilleheden Plantage geht über in die noch weitläufigere Uggerby Plantage. Hier liegt auch der Hirtshals Golfclub. Für Wanderausflüge oder Radtouren bietet das unbebaute Gebiet eine abwechslungsreiche Landschaft mit Moorteichen und üppigen Wiesen bis hin zum schlängelnden Flusslauf der Uggerby Å. In **Uggerby**, einem kleinen Städtchen zwischen Hirtshals und Tversted, kann man Kanus mieten und die Landschaft vom Flüsschen aus erkunden.

Wandern & Radfahren

Wassersport

NORDJÜTLAND **TIPPS**

- Wandern & Radfahren
- Naturerlebnisse
- Wassersport
- Lokale Spezialitäten

QR-Code scannen und weiterstöbern! Den kompletten Artikel zum Ort mit Strandfotos, interessanten Ausflugszielen und vielen Ferienhäusern gibt es hier.

Lage

Slettestrand – Harmonie von Nordsee und Natur

Slettestrand und die abwechslungsreiche, unberührte Natur im Süden der Jammerbucht gehören zu den Geheimtipps für erholungssuchende Urlauber. Ein fast menschenleerer Strand, dahinter grüne Hügel mit dichtem Wald oder berauschender Aussicht, umgeben von Heidewiesen und flache Küstenwälder prägen die Region. An mehreren Orten werden noch heute die Fischerboote auf den Strand gezogen.

Ferienhäuser rund um Slettestrand

Slettestrand ist mit gleich vier Strand- und Ferienhotels das Urlaubszentrum an der südlichen Jammerbucht. Viel hyggeliger ist natürlich der Urlaub in einem Ferienhaus! Zu dieser Urlaubsregion gehören neben **Slettestrand** auch **Grønnestrand, Tranum** und **Kollerup**. Der breite Strand ist zwar sandig, doch auf ganzer Länge zwischen Tranum und dem mächtigen Kalkfelsen Bulbjerg in ♥ Thy /Limfjord komplett mit Steinen besät. Reizvoll ist der Strand dennoch, denn auf fast 30 Kilometern Länge ist er vor allem: menschenleer! Die Landschaft vereint die wilde Schönheit der Nordsee perfekt mit den waldigen Hügeln und flachen Heidewiesen im Hinterland.

Mehr auf Seite 26

Wandern und Radfahren

Überall kann man stundenlang wandern oder radfahren, in der ♥ Svinkløv Klitplantage ist ein 21 Kilometer langer ♥ Mountainbike-Trail ausgeschildert und die Tierwelt fühlt sich ob der wenigen Gäste meist unbeobachtet. Im Herbst warten Pilz und Beeren darauf, gefunden zu werden und im Frühjahr weckt das erste Grün den wintermüden Geist. Von November bis Ende März ist diese Küste Garant für einsame, stundenlange Spaziergänge, vor allem mit Hunden. In der ♥ Kollerup Plantage vor dem Ferienhausgebiet ist auch ein ♥ Hundewald ausgeschildert.

Urlaub mit Hund

Für einen Badeurlaub ist die Küste nicht die allerbeste Wahl. Ein Handtuch reicht kaum, um die steinige Unterlage in einen gemütlichen Sonnenplatz zu verwandeln. Vor Slettestrand ist der Sand am feinsten, in Tranum Strand gibt es weitaus mehr Steine auf dem Sand. Schwimmen kann man trotzdem, mit Badesandalen trotzt man dem steinigen Grund. Durch die Lage nach Norden hin sind die Wellen meist nicht so hoch wie an windigen Tagen in Westjütland. Zum zuckerfeinen Sand der mittleren Jammerbucht, der kurz vor ♥ Blokhus beginnt, sind es mit dem Auto etwa 30 Kilometer.

Mehr in Band I

An der Strandzufahrt von **Slettestrand** liegen einige Fischerboote auf dem Sand, die ab und an in See stechen. Diese traditionellen ♥ Klinkerboote sind mit ihrem flachen Rumpf ideal für das Anlegen auf dem Strand geeignet. Sie werden in der Museumswerft ♥ Han Herred Havbåde nachgebaut und renoviert. Werktags sind Zuschauer in der Werkstatt herzlich willkommen, einmal im Monat ist auch samstags geöffnet. Das mächtige Rettungshaus aus rotem Backstein wurde in früheren Jahren oft benötigt, um die Seeleute aus unruhiger See zu retten – die Bucht heißt nicht umsonst Jammerbugt.

Boote und Häfen

Im ♥ Havnkiosk, einer kleinen Eis- und Imbissbude, bekommt man fast das ganze Jahr über süße Leckereien, denn die Hotels am Ort sind bei dänischen Gästen überaus beliebt und ganzjährig buchbar. Auch als Wohnort erfreut sich Slettestrand einer gewissen Beliebtheit. Viele Häuser sind ganzjährig bewohnt und es gibt sogar ein kleines Neubaugebiet am Slettestrandvej. Doch keine Sorge, die Betonung liegt auf klein – es ist und bleibt ein verschlafenes Nest an der See! Beim ♥ Hjortdal Købmandshandel bekommt man Lebensmittel, Getränke und frische Brötchen.

Bürgerinitiative

In **Tranum Strand** grenzt der Parkplatz direkt an den Strand, Schiffe liegen hier nicht. Der Strandkiosk öffnet in der Sommersaison, wenn das Feriencenter Tranumklit geöffnet ist. Völlig unbebaut ist **Ejstrup Strand**, der nördlichste Strandabschnitt vor Rødhus. In Rødhus beginnt der befahrbare, feine Sandstrand von Blokhus. Tranum lohnt auch einen Ausflug für die Gemütlichkeit. Zwei Geschäft mit handgzogenen Kerzen und hyggeligen Wohnaccessoires gibt es hier: ♥ Ejstrup Lys und ♥ Tranum Lys og Glas.

Hyggezubehör

Westlich von Slettestrand liegt **Svinkløv Strand**, an dem das legendäre Svinkløv Badehotel gegründet wurde. Das Hotel ist 2016 einem Brand zum Opfer gefallen, wird aber wieder aufgebaut. Vom Parkplatz sind es noch einige Meter durch die Dünen bis zum Strand. Allein dieser kurze Weg ist aber schon atemberaubend, weil die Küste so wunderschön ist! Ferienhäuser stehen hier nicht.

Die nächsten Ferienhäuser in **Kollerup** stehen ein bis zwei Kilometer vom Meer entfernt. Am Kollerup Strand gibt es einen kleinen Parkplatz und ein Toilettenhäuschen. Eine kleine Siedlung mit Reetdachferienhäusern aus den 80er Jahren steht nah am Kollerup Strand.

Grønnestrand und Kollerup Strand sind mit dem Kollerup Strandvej verbunden. Er führt zwischen einer Dünenreihe und einem See bis zu einem Bauernhof, der zu einer Pension umgebaut wurde. Bekannt ist der Hof mit der ♥ Lyngmøllen, einer mit Heide verkleideten Windmühle aus dem 19. Jahrhundert, durch den Besuch des Königs ♥ König Frederik VI im Jahre 1824. Frederik übernachtete damals auf dem Hof. Am Morgen soll er beim Anblick der Landschaft gesagt haben: „Dieser trostlose Ort ist der schönste Fleck in meinem Königreich."

Naturverliebter König

Zur Erinnerung an diese Ehre steht am Ufer des kleinen Sees eine Gedenktafel, der sogenannte ♥ Kongestenen. Der See entstand allerdings erst viele Jahre später, als hier während des Zweiten Weltkriegs Kies gefördert für den Bau des Altantikwalls. Grønnestrand liegt am Fuß der ♥ Svinkløvene, „Schweineklaue". Der Name beschreibt die Form des zerklüfteten Höhenzugs, der vor dem Strand bis zu 50 Meter hoch aufragt und zur ♥ Svinkløv Klitplantage gehört.

Naturerlebnisse

Im Ferienhausgebiet Kollerup gibt es ältere Grundstücke, die schon recht dicht bewachsen sind, und neuere Ferienhäuser, die moderneren Komfort, aber noch nicht so viel Sichtschutz bieten. Schön ruhig ist es überall. Zum Einkaufen fährt man ins benachbarte **Fjerritslev**.

Bei den Jungs vom Kutter in Thorup Strand

Ein Besuch am **Thorup Strand** ist ein Erlebnis ganz besonderer Art. Mehr als 15 blau-weiße Fischkutter liegen auf dem Sand, wenn sie nicht gerade unterwegs sind, um die ♥ Røgeri und das Fischgeschäft mit frischem Fang zu versorgen. Es ist der ♥ größte Schiffslandeplatz in Dänemark und der einzige, an dem es richtig nach Arbeit aussieht. Eine große Seilwinde und mächtige Radlader ziehen die Boote auf Sand, wo sie aneinandergereiht auf den nächsten Einsatz warten. Das Spektakel, wenn ein von Möwen umschwärmte Schiff sich dem Strand nähert, ist bei jedem Wetter und immer wieder sehenswert!

Boote und Häfen

Die Fischer sind in der Genossenschaft ♥ Thorupfisk organisiert. Sie stellt sicher, dass alle Fischer die gleichen Rechte an den Fangquoten haben und ermöglicht auch jungen Fischern, sich ohne großes Eigenkapital eine Existenz aufbauen zu können. Ein Teil des Fangs wird direkt am Strand in einem großen, neuen Holzhaus verkauft, dort kann man auch windgeschützt sitzen und die Köstlichkeiten direkt verspeisen. Inzwischen gibt es auch eine eigene Räucherei in Vester Thorup.

Frischer Fisch

Thorup Strand ist in Dänemark durch die Fernsehserie ♥ Gutterne på Kutterne (Die Jungs vom Kutter) berühmt geworden. Etwa 60 Ferienhäuser werden hier vermietet. Der lange Strand ist ebenso steinig wie überall in der Region, aber es gibt einen tollen ♥ Waldspielplatz in den Dünen, einen umzäunten ♥ Hundewald und natürlich auch einen Strandkiosk. Dänemark-Kenner fahren schon seit 50 Jahren in diese Region, auch aus Deutschland. Das kleine Häuschen, in dem die ♥ Töpferin Rikke Kristensen ihre schönen Becher und Krüge formt, wurde ursprünglich als einfaches Ferienhaus errichtet. Rikke hat beim Umbau des Hauses noch Postkarten aus den 1960er Jahren von deutschen Stammgästen gefunden!

Urlaub mit Hund

Schöne Keramik

Bei ♥ KunstUnik kann man das ganze Jahr über schillernd bunte Glasdekorationen für Haus und Garten von verschiedenen Künstlern bestellen. In den Sommermonaten öffnet die Galerie auch ein Ladengeschäft. In **Vester Thorup** gibt es einen kleinen Supermarkt und eine Tankstelle. Die nächste Sparkasse findet man im benachbarten **Klim**.

Landschaftlich ist es um Thorup herum nicht mehr so hügelig, obwohl das Hotel Klim Bjerg darauf hinweist, dass es zumindest einen Hügel gibt: den ♥ Klim Bjerg.

Fossilien

Bis 1976 wurde hier Kalk abgebaut und im ♥ Klim Kalkofen gebrannt. Heute ist der Kalkofen eine Art Industriedenkmal, das für kulturelle Zwecke genutzt wird.

Mehr auf Seite 26

Westlich von Thorup reicht die Klitplantage bis zum Kalkfelsen Bulbjerg und von dort geht es weiter mit der Vigsø Bugt in der Region ♥ Thy / Limfjord. Bei klarem Wetter sieht man den Bulbjerg schon von Slettestrand aus.

Des Königs schönster Landstrich

Dänische TV-Serie

Was hat dieser abgelegene Flecken an sich, dass König Frederik IV ihn zum schönsten Ort in seinem Königreich erklärte? Der steinige Strand ist es sicher nicht, auch wenn dänische Urlauber beim Baden nicht so viel Wert auf weichen Sand legen – Natur ist Natur und Baden gehen sie überall, so lange das Wasser klar und sauber ist. Auch die schicken Strandlokale können es nicht sein, es gibt keine! Dennoch haben es auch Svinkløv und Slettestrand ins Fernsehen geschafft, denn die preisgekrönte, dänische TV-Serie ♥ Badehotellet wurde an dieser Küste gedreht.

Eine besondere Anziehungskraft haben im flachen Dänemark wohl ♥ Hügel jeglicher Art. **Han Herred**, wie die Region zwischen Slettestrand und dem Limfjord heißt, kann mit bis zu 50 Meter hohen Hügeln punkten. Sie tragen Spuren der Kreidezeit und sind bis zu 60 Millionen Jahre alt. Damals war ganz Dänemark von einem flachen Meer überzogen, dessen kalkhaltige Muscheln und Algenreste den heutigen, weichen Kalkboden bildeten. Als der Meeresspiegel sank, verlagerte sich die Küste weiter in Richtung Norden. Besonders dicke Kalkschichten sieht man am **Klim Bjerget** oder am Kalkfelsen Bulbjerg. Der ehemalige Kalkbruch in **Klim** ist ein beliebtes Ziel für ♥ Fossiliensammler.

Svinkløv hat die schönste Klitplantage. Durch bunten Mischwald geht es auf und ab, bis man in ♥ Svinkløvene den höchsten Punkt am Meer erreicht. Hier fällt der Hügel steil bergab und eröffnet eine herrliche Aussicht über die Nordsee und die Ebene zwischen Grønnestrand und dem Bulbjerg.

Wandern und Radfahren

Der ♥ Höhenzug Lien liegt etwa vier Kilometer landeinwärts. Das ♥ Fosdalen ist im Laufe der Jahrmillionen in den Höhenzug gewaschen worden, heute zählt es zu den schönsten Wanderwegen der Region. Im ♥ Naturcenter Fosdalen lernt man mehr über die Natur im Tal. Der Rundweg beginnt am Fosdalvej, direkt am Bachlauf ist ein Teil des Weges mit einem Steg barrierefrei befestigt, später geht es schmal und teils über Treppenstufen bergauf.

Naturerlebnisse

Südlich vom Bulbjerg liegt das ♥ Naturreservat Vejlerne. Mit 6.000 ha ist es das größte Vogelschutzgebiet in Nordeuropa. Einst plätscherte hier ein Seitenarm des Limfjord, den man vor 100 Jahren vergeblich trockenlegen wollte. Das Projekt wurde irgendwann eingestellt und die Seenlandschaft zum naturgeschützten Bereich erklärt.

Brauereimuseum

Fjerritslev ist die größte Stadt der Region. Das ♥ Fjerritslev Museum im Bryggergaarden ist nicht nur für Biertrinker interessant. Das ehemalige Brauhaus der Kjelgaard Bryggeriet ist gleichzeitig ein kleines Heimatmuseum zum Ort. Flohmarktliebhaber sollten bei ♥ Brix Mix vorbeischauen. An der weißen Fjerritslev Kirche markiert eine goldene Kugel den Beginn des ♥ Planetenpfades nach Kollerup Strand. Die Beschriftung des Pfades ist dänisch, aber eine Vorstellung von der Größe unseres Sonnensystems bekommt man allein durch die Entfernungen der einzelnen Planetenmodelle zueinander.

Familienurlaub

Das Feriecenter in Slettestrand vermietet ♥ Mountainbikes, auch Ausritte auf ♥ Islandpferden kann man hier buchen oder das kleine Schwimmbad besuchen. In der ♥ Hjortdal Dyrefarm leben über 300 Tiere, von denen viele gestreichelt und geknuddelt werden dürfen. Der Park ist von April bis Oktober geöffnet. Im Dezember veranstaltet der Hof einen Weihnachtsmarkt.

SLETTESTRAND **TIPPS**

- Wandern & Radfahren
- Naturerlebnisse
- Urlaub mit Hund
- Boote und Häfen

QR-Code scannen und weiterstöbern! Den kompletten Artikel zum Ort mit Strandfotos, interessanten Ausflugszielen und vielen Ferienhäusern gibt es hier.

Lage

Tversted – Natur pur an der Tannisbucht

Die Tannisbucht ist die nördlichste Bucht an der dänischen Nordseeküste. Die Strände sind feinsandig und so breit und glatt, dass man sie stellenweise mit dem Auto befahren darf. Vor dem Strand erstrecken sich weitläufige, grüne Dünenplantagen mit einem kleinen See und einem Hundewald.

Tversted: Leckeres Eis und schöne Mitbringsel

Die beiden beschaulichen Urlaubsorte in der Tannisbucht heißen Tversted und Skiveren.

Tversted hieß früher einmal Tannisby, beide Namen sind heute gebräuchlich. Die Hauptstraße schlängelt sich vom Skagenvej bis zum herrlichen Sandstrand durch den langgezogenen Ort. Kurz vor der Strandzufahrt gibt es süße Verführungen im ♥ Blå Ishus. Das blaue Häuschen steht bereits seit 1920 in den Dünen und lockt das ganze Jahr über mit die Besucher mit hausgebackenen Waffeln und Eiscreme nach Tversted. Ein paar Meter weiter kann man direkt mit Sack und Pack auf den Strand fahren und das Meer und die Seeluft genießen.

Wandern und Rafahren

Tversted hat einen Lebensmittelmarkt und einen ♥ Fahrradverleih. Wer Essen gehen möchte, sollte die Frokostauswahl oder das Abendmenü im ♥ Restaurant Tannishus probieren, mit Meerblick, versteht sich. Weiter im Ortszentrum gibt es knusprige Pizza und ein Café.

Kunst und Handwerk

Schöne Mitbringsel bekommt man im ♥ Lykkegård. Der Hof führt eine große Auswahl an Keramik und Malerei, Heimtextilien und auch ein Flohmarktsortiment. Nördlich von Tversted liegt **Skiveren**, eine kleine Siedlung mit gemütlichen, weit auseinanderstehenden Ferienhäusern und einem Campingplatz. Im

Sommer öffnet dort ein Lebensmittelmarkt, außerhalb der Saison muss man in Tversted einkaufen. Nach Süden ist der Strand mit dem Auto befahrbar, nördlich der Strandzufahrt versperrt ein Bach die Weiterfahrt. Dahinter beginnt die unbebaute Sand- und Heidelandschaft der Wanderdüne ♥ Råbjerg Mile.

Naturerlebnisse

Wandern in den weitläufigen Dünenplantagen

Die ♥ Tversted Klitplantage erstreckt sich zwischen Tversted und Skiveren. In dem Waldgebiet liegt auch der ♥ Tversted See, ein romantischer Seerosenteich mit Bänken und geschwungenen Brücken. Zwischen den Bäumen der parkähnlichen Anlage hindurch sieht man schon das Meer blitzen. Auf einem Hügel am Teich steht ein ♥ Aussichtsturm, der von den Bäumen fast überragt wird. Der ♥ Hundewald in der Plantage mit seinen Hügeln und kleinen Bachläufen macht sicher nicht nur den Vierbeinern Spaß! Da die Klitplantage sehr weitläufig ist, lohnt es sich, Fahrräder mitzubringen oder in Tversted zu mieten. Auch am flachen Sandstrand kann man prima radeln. An den Parkplätzen, in der Touristeninformation oder auch im Internet bekommt man ♥ Wanderkarten.

Wandern & Radfahren

Urlaub mit Hund

naturstyrelsen.dk

Eine ganz ungewöhnliche Windmühle steht auf dem Reetdach der Scheune des ehemaligen ♥ Hofes Østerklit. Die letzte, funktionstüchtige ♥ Stockmühle Dänemarks pflegt heute ein Kulturverein. Im Sommer wird an besonderen Tagen sogar noch gemahlen.

Ungewöhnliche Mühle

Dünen in Skiveren

Pfeilschnelle Falken und springende Lachse

Naturerlebnisse

Mehr auf Seite 72

Im ♥ Adlerreservat am Skagenvej, mitten in der Natur zwischen Tversted und ♥ Ålbæk, erlebt man hautnah verschiedene Greifvogelarten und eine Falkenjagd zu Pferde. Täglich finden zwei Flug- und Reitvorführungen statt, je nach Saison an zwei bis sechs Tagen in der Woche. Vor der Show informiert eine Ausstellung über die Aufzucht der Falken und Adler. Die Vorführung findet unter freiem Himmel bei fast jedem Wetter statt. Kinder müssen eine längere Zeit still sitzen können, besonders, wenn die großen Vögel direkt an der Tribüne vorgeführt werden. Beeindruckend ist dieses Erlebnis allemal, auch wegen der schönen Kulisse, in der das Grundstück des Reservates liegt.

Angeln

Die ♥ Uggerby Å ist Dänemarks nördlichstes Gewässer für Meerforellen. Selbst wer nicht angelt, wird an der besonders gestalteten ♥ Fischtreppe in **Bindslev** seine Freude haben. Sie wurde aus Feldsteinen gemauert und sichert den Bestand an Lachsen und Forellen. Das benachbarte, historische Wasserkraftwerk ist einzigartig in ganz Dänemark und besteht heute als Museum weiter.

Mein Tipp

Ein schlichtes, weißes Anwesen ist der **Herregård Odden** in Mygdal. Er wurde im 16. Jahrhundert gegründet und ist das nördlichste Herrenhaus in Dänemark. Heute beherbergt er eine Ausstellung mit Werken des Malers J. F. Willumsen.

TVERSTED **TIPPS**

- Angeln
- Naturerlebnisse
- Wandern & Radfahren
- Urlaub mit Hund

QR-Code scannen und weiterstöbern! Den kompletten Artikel zum Ort mit Strandfotos, interessanten Ausflugszielen und vielen Ferienhäusern gibt es hier.

Lage

Skagen – Rendevouz von Nord- und Ostsee

Skagen ist die nördlichste Hafenstadt in Dänemark. Weil das Land hier so schmal ist, hat man gleich zwei Meere zur Auswahl. Die Nordseefans wohnen im schicken Højen, Ostseefans buchen eher mitten im Flair der lebendigen Hafenstadt eine Wohnung oder erholen sich in Hulsig am weißen Ostseestrand. Ein Ausflug nach Grenen, wo sich die Meere treffen, ist fast ein Pflichtprogramm.

Ferienhäuser und Kunstgenuss

Boote und Häfen

Ein Ferienhaus in **Skagen** ist für viele Dänemarkurlauber ein Traum: In dieser lebendigen ♥ Hafenstadt an der Ostseeküste sollte man unbedingt einmal gewesen sein. Liebevoll renovierte Stadthäuser und Fischerkaten, schicke Appartements und zentral gelegene Ferienwohnungen sind ideal für alle Dänemark-Urlauber, die gerne den Komfort einer Stadt mit viel Strand und Meer kombinieren möchten.

Entlang der einladenden Fußgängerzone im Zentrum wechseln sich exklusive und gemütliche Restaurants und Boutiquen ab. Badestrände findet man rund um den Ort. Das Land zwischen den Meeren ist so schmal, dass man auch mit dem Rad zwischen Nord- und Ostsee pendeln kann.

Das schönste Ferienhausgebiet von Skagen liegt an der Nordseeküste: **Højen**, auch bekannt als **Gammel Skagen**. Die neu gebauten Ferienhäuser mit ihren rot-weißen Dächern sind den historischen, gelben Stadthäusern nachempfunden, aber es gibt auch traditionelle Holzferienhäuser. Der Strand ist mit einer Flagge für gute Wasserqualität ausgezeichnet, der Sand ist allerdings eher grobkörnig und mit Steinen durchsetzt. Wie beliebt Højen ist, bestätigen die Besuche des dänischen ♥ Thronfolgers Frederik. Er ist regelmäßig im historischen Badehotel ♥ Ruths Hotel zu Gast. Da der Küchenchef aus Frankreich kommt, bieten Restaurant und Brasserie nicht nur dänische, sondern auch französische Delikatessen an. Dazu hält der Keller eine sehr erlesene Weinauswahl vor.

Königliche Gäste

Kunst und andere schöne Aussichten

Die meisten Tagesgäste werden sicher zunächst zu Dänemarks nördlichstem Parkplatz in **Grenen** fahren, um das Zusammenschlagen der Nord- und Ostseewellen zu erleben. Oder sie besteigen Dänemarks zweithöchsten Leuchtturm ♥ Skagen Fyr, um den Blick von oben für das Fotoalbum festzuhalten. Anschließend ist vielleicht Zeit für Kunstgenuss: Das ♥ Grenen Kunstmuseum befindet sich direkt oberhalb des Parkplatzes. Es wurde vom dänischen „Eisbergmaler“ Axel Lind gegründet und über Jahre auch von ihm geführt. Nicht nur Axel Linds permanente Ausstellung „Das Meer und das Eisreich“ begeistert die Gäste, sondern auch die Skulpturen seiner Frau Eva und die wechselnden Sonderausstellungen der ♥ Galerie Rasmus.

Kunst und Handwerk

Fast so berühmt wie der Treffpunkt von Nord- und Ostsee sind die Bilder der Maler ♥ P.S. Krøyer und ♥ Marie Krøyer, seiner Frau. Auch ♥ Anna Ancher und ♥ Holger Drachmann sind berühmte dänische Künstler, deren Werke im ♥ Skagen Museum zusammengetragen wurden. Das besondere Licht und die Weite hier im Norden von Dänemark prägten gegen Ende des 19. Jahrhunderts einen ganz eigenen, expressionistischen Stil, der die Künstlerkolonie der ♥ Skagen-Maler berühmt machte. Auch wenn viele der bekannten Motive an jedem Kiosk oder Postkartenstand aushängen, lohnt sich ein Besuch der Originale in dem Museum am Ende der Fußgängerzone. Gegenüber im ♥ Drach-

Kunst und Handwerk

manns Hus, dem Wohn- und Arbeitsplatz von Holger Drachmann, bekommt man einen Eindruck von der besonderen Atmosphäre, in der die Künstler damals gelebt haben. Eine Stiftung hat das Haus gekauft und zu einer schönen Ergänzung des Skagen Museums ausgebaut. Drachmann war Maler und Dichter, aus seiner Feder stammt der Text des Liedes „Vi elsker vort land“, das alljährlich am St. Hans Aften (Mittsommernacht) von allen Dänen mit Inbrunst gesungen wird.

Und noch ein Kunsthaus steht in diesem Viertel: ♥ Anchers Hus, das Wohnhaus der Malerfamilie Ancher. Im angrenzenden ♥ Saxild Gaard gibt es nicht nur eine Ausstellung mit Werken von mehreren Mitgliedern dieser kreativen Familie, sondern auch ein Café. Der schöne Garten und das heimelige Anchers Hus wären ein perfektes Ferienhaus – gerade darum lohnt sich der Besuch in diesem hyggeligen Heim.

Bamse = Teddybär

Mit Kindern sollte man unbedingt das vierte Museum am Platz besuchen: das ♥ Bamsemuseum. Über 1.000 Teddybären in allen Größen, Farben und Formen sind hier zu berühmten Szenen aus Kunst, Kultur oder Geschichte aufgestellt. Die fantasievolle Ausstellung und eine riesige Auswahl an Teddys zum Knuddeln und Kaufen sind das ganze Jahr über zumindest am Wochenende zu sehen. Im Sommer hat das Museum täglich geöffnet.

Geschichte

Wer mehr über die Geschichte von Skagen und seine charmanten, gelb-weißen Häuser wissen möchte, sollte eine ♥ Stadtführung im Touristbüro buchen. Die Tour endet am Skagen Museum, wo man bei einer Kaffeepause die Geschichten aus der Führung noch einmal Revue passieren lassen kann.

Der Hafen von Skagen gilt als der ♥ größte Fischereihafen Dänemarks. Trotzdem hat die Hafenanlage Charme und natürlich die für Dänemark typischen, rot-weiß gestrichenen Fischlokale. Die Qualität der Speisen ist nicht unbedingt herausragend, aber bei Räucherfisch und frischer Seeluft kann man hier gemütlich sitzen. In der ♥ Fußgängerzone sorgen anspruchsvolle Geschäfte, gute Feinkostläden und eine große Auswahl an Restaurants für einen gelungenen Urlaub. Mit einer Ferienwohnung in der Stadt lässt sich die gemütliche Atmosphäre zu Fuß genießen. Allerdings ist Skagen ein recht hochpreisiges Urlaubsziel, das sollte man bei der Wahl der Bars und Restaurants bedenken.

Der nördlichste Punkt von Jütland: Grenen

Naturerlebnisse

Am ♥ nördlichsten Punkt von Jütland treffen die Wellen von Nord- und Ostsee aufeinander. Die flach auslaufende Landspitze ♥ Grenen ist ein beliebtes, ziemlich sandiges Ausflugsziel. Es wird auch Kleines Nordkap genannt, obwohl es nicht einmal mehr der nördlichste Punkt von Jütland ist. Die Strömung der Nordsee schiebt die Spitze seit Jahren immer weiter nach Südosten.

Ein Fußmarsch am Strand entlang bis zum Kap ist etwas anstrengend, aber ein Muss für jeden Besucher. Bequemer ist es mit dem ♥ Strandbus Sandormen (Sandwurm), der am Parkplatz vor dem Kunstmuseum startet. Er hält für 15-20 Minuten an der Landspitze, genug Zeit für ein Foto und ein Fußbad in zwei Meeren.

sandormen.dk

Nicht weit vom Parkplatz auf einer Düne liegt das ♥ Grab von Holger Drachmann. Er hat nur sechs Jahre in Skagen gelebt und fand hier am Meer seine letzte Ruhestätte.

Besonders in der Nebensaison, wenn nur vereinzelte Urlauber ans Nordkap wandern, ist Grenen einer der schönsten und zugleich wildesten Flecken am dänischen Meer. Möwen umkreisen das Kap und ein reger Schiffsverkehr quält sich um die Spitze herum. Quälen ist richtig, denn die Strömung hat es in sich.

Geschichte

In früheren Jahren liefen zahlreiche Schiffe auf Grund. Das lag nicht nur an den Untiefen, sondern auch an fehlenden, markanten Punkten an Land, an denen sich die Seefahrer orientieren konnten. Kurz vor Skagen steht ein ♥ Vippefyr rechter Hand am Østre Strandvej. Was wie ein ungarischer Ziehbrunnen aus-

sieht, ist eine Rekonstruktion von Dänemarks erstem Leuchtfeuer, so wie es in Skagen und an vier anderen Stellen an der Küste im Jahre 1560 angebracht wurde. Das im Volksmund als „Papageienfeuer" bekannte Leuchtfeuer stand ehemals 25 Meter über dem Meeresspiegel und half den Seeleuten bei der Orientierung während der schwierigen Passage um das Kap. Die ♥ Skagener Strandpiraten trieben damit ihr Unwesen: Sie entfachten falsche Leuchtfeuer, die die Seeleute irritierten und ihre Schiffe auf Sand laufen ließ.

Mitten in der Dünenlandschaft steht das ♥ Skagen Odde Naturcenter am Batterivej. Das riesige, futuristisch anmutende Gebäude wurde vom dänischen Architekten ♥ Jørn Utzon entworfen, der auch das Opernhaus in Sydney geplant hat. Die Gestaltung des 4.000 Quadratmeter großen Naturerlebnis-Centers ist einzigartig. Nordsee, Ostsee, Dünen, Licht, Wind: Hier fühlt, sieht, hört, spürt und riecht man die Natur.

Ferienhäuser in Kandestederne und Hulsig

Naturerlebnisse

Zu Skagen zählen auch die etwas abgelegenen Ferienhäuser in **Kandestederne** hinter der ♥ Wanderdüne Råbjerg Mile an der Nordsee und das naturnahe, kleine Urlaubsparadies **Hulsig** am Ostseestrand.

Der feinsandige Strand von Kandestederne ist mit dem Auto befahrbar. Zu den Ferienhäusern und Hotels in den Dünen erhebt sich eine flache Steilküste. In

♥ Hjorts Badehotel kann man gemütlich auf der grünen Terrasse speisen. Wer die Welt gern vom Rücken der Pferde erlebt, kann am Kandestedvej zwischen Bunken und Kandestederne geführte ♥ Ausritte auf Isländern buchen oder eine Fahrt mit dem Traktor unternehmen. Ein Ausritt am langen Sandstrand oder durch die schöne Dünenlandschaft ist sicher ebenso spannend wie eine Wanderung über die breite Kuppe der Wanderdüne.

Reiten am Strand

Ganz anders dagegen ist die Stimmung in **Hulsig**. Wer den Ort nicht sucht, wird hier kaum zufällig vorbeikommen. Der kleine Ortskern mit einigen Häusern, die beinah verlassen wirken, und eine ♥ Bahnstation auf der Strecke nach Skagen liegen versteckt im Grünen.

Mit der Bahn nach Skagen

Man biegt vor der Bahn zum Feriencenter Skagen Strand ab, folgt der Straße etwa zwei Kilometer bis zur Ostsee und erreicht einen unberührten, weißen Ostseestrand, autofrei und von einer grünen Heide- und Wiesenlandschaft umgeben. Die wenigen Ferienhäuser von Hulsig stehen am Rand der Dünen. Es gibt keine Parkmöglichkeiten direkt am Meer, daher ist man hier meistens unter sich. Einkaufen kann man im Sommer im Feriencenter.

Die ♥ Skagen Klitplantage ist ein gepflanztes Waldgebiet zwischen der Nord- und der Ostsee südlich von Skagen. Auf der Nordseeseite liegt die schon erwähnte Wanderdüne Råbjerg Mile. Östlich der Hauptstraße steht die ♥ Versandete Kirche im Wald versteckt. Hier ist der Sand, der die Kirche schon vor über 100 Jahren teilweise verschüttete, bereits vom Grün überwuchert. Rund um die ehemalige Kirche, von der nur noch der Turm steht, führen schöne Waldwege. Am Parkplatz öffnet im Sommer ein Kiosk, der neben Getränken und Souvenirs auch Wanderkarten zur Umgebung im Sortiment hat.

Wandern und Radfahren

Geschichte

SKAGEN **TIPPS**

- Naturerlebnisse
- Kunst und Handwerk
- Boote und Häfen
- Geschichte

QR-Code scannen und weiterstöbern! Den kompletten Artikel zum Ort mit Strandfotos, interessanten Ausflugszielen und vielen Ferienhäusern gibt es hier.

Lage

Nordjütland Ost – Fast ein Geheimtipp

Die Ostküste von Nordjütland zwischen Ålbæk und dem Mariagerfjord ist ein Traum für Familien, Strandläufer und Muschelsucher. Auch Radfahrer und Dünenwanderer mit oder ohne Hund werden die sandige, blühende Landschaft lieben! Die flache Ostsee ist immer etwas wärmer als die Nordsee und schöne Ferienhäuser laden zum Erholen ein.

Ferienhausurlaub am weißen Ostseestrand

Vom Mariager Fjord aufwärts bis nach Ålbæk reiht sich ein beliebter Urlaubsort an den nächsten. Entzückende, kleine Häfen mit bunten Fischerhütten, kilometerlange Sandstrände und artenreiche Wattwiesen und Lagunen säumen die flache Ostseeküste.

Das Klima ist milder als an der Nordsee und das flache Meer wird schnell warm. Darum ist dieser Landstrich besonders bei ♥ Familien mit kleinen Kindern beliebt. Und wenn man doch mal Sehnsucht nach der Nordsee hat, ist man fix an den breiten Stränden der Jammerbucht – zumindest nördlich vom Limfjord sind es nie mehr als 50 - 60 Kilometer zur Nordseeküste. Familienurlaub

Städtisches Leben bietet Dänemarks drittgrößte Stadt **Aalborg**, aber auch das mittelalterliche **Sæby** und die Hafenstadt **Frederikshavn** sorgen mit Geschäften, Museen und vielen Restaurants für Abwechslung.

Ferienhäuser für jeden Geschmack und jeden Geldbeutel stehen zwischen Heideflächen und Kiefernwäldern oder auch direkt in den gemütlichen Fischerdörfern, selten weit vom Strand entfernt. Südlich vom Limfjord hat ♥ Øster Hurup den besten Strand. In ♥ Helberskov am Mariager Fjord wird das Ufer von grünen Wiesen gesäumt. Die größte Auswahl an Ferienhäusern mit Sandstrand findet man im Norden in ♥ Hou / Hals, vor ♥ Lyngså und rund um Frederikshavn in ♥ Bratten und ♥ Ålbæk. Diese Ferienhausregionen werden ausführlicher in den folgenden Kapiteln beschrieben.

Wer die reiche Vogelwelt an der Ostsee liebt, wird in den kleinen Ferienhausgebiete **Melholt** und **Gerå** viel zu sehen bekommen. Sie sind von grünen Uferwiesen und Lagunen umgeben. Der nächste, schmale Sandstrand gehört zum vorgelagerte Hafen von **Asaa**. Dort zeugen die bunten Badehütten auf der Sandbank davon, dass die Dänen hier seit Jahren gern ihre Sommertage verbringen.

Die flache Küste ist beliebt bei Brandungsanglern. Auch die Hafenmolen und die kleinen Flüsse, die hier ins Meer münden, locken Angler in die Region. Für dicke Regenbogenforellen bieten sich mehrere ♥ Put-and-Take-Teiche an. Angeln

Die Landschaft in Nordjütland ist ebenso flach wie das Meer und ideal zum Radfahren. Das ♥ Radwegenetz ist sehr gut ausgebaut, selbst entlang der Hauptstraßen gibt es Radwege. Nur zur Wanderdünen Råbjerg Mile muss man zu Fuß hinauf stapfen, die herrliche Aussicht über die blaue Ostsee belohnt die Mühen!

Viel Wald und grüne Hügel

Naturerlebnisse

Das Gebiet zwischen Limfjord und Mariager Fjord heißt **Himmerland**. Hier erstreckt sich Dänemarks zweitgrößtes Waldgebiet, der **Rold Skov**. Verschiedene Naturschutzflächen wurden hier ausgewiesen, zum Beispiel der ♥ Naturpark Rebild Bakker. Rebild Bakker wurde Anfang des 20. Jahrhunderts von einem dänischen Auswanderer gekauft und dem Staat Dänemark als Geschenk überreicht. Alljährlich feiert man hier am ♥ 4. Juli den amerikanischen Unabhängigkeitstag. Zu diesem Fest kommen nicht nur viele Bewohner der Region, sondern auch Gäste aus Amerika, die einst von Dänemark in die Neue Welt auswanderten. Die Hügellandschaft liegt am Ortsrand von **Rebild.** Zur Heideblüte ist es ein traumhaft schönes Ausflugsziel. Vom ♥ Tophuset, einem historischen Ausflugslokal, hat man den besten Blick über die Hügel. Das Informationszentrum ♥ Rebild Huset öffnet das ganze Jahr über, die Mitarbeiter kennen die besten Wanderwege durch das Gebiet. Man bekommt kostenlose Wanderkarten und kann sich eine kleine Ausstellung über den hügeligen Wald mit seinen vielen Bachläufen und großen Seen anschauen. Im Sommer öffnen mehrere Ausflugslokale rund um die **Rebild Porten**, den Eingang in den Naturpark. Das ♥ Jagd- und Spielmannsmuseum ist ebenfalls während der Sommermonate geöffnet.

Independence Day in Dänemark

Naturerlebnisse

Um den Wald zu erkunden, muss man zu Fuß oder mit dem Rad unterwegs sein, denn mit dem Auto sieht man nur wenig von der tollen Landschaft. Fahrräder kann man in Skørping mieten. An den beiden großen Seen **Store Okssø** und **Madum Sø** gibt es ausgeschilderte Parkplätze. Am Parkplatz zum Store Okssø steht der ♥ Mosskov Pavillonen, ein hübsches Gasthaus, in dem es typisch dänisches Mittagessen und Kuchen gibt. Kinder können derweil auf dem Waldspielplatz neben dem Pavillon spielen. Einen noch größeren ♥ Waldspielplatz Familienurlaub mit einer überdachten

mosskovpavillonen.dk

Picknickhütte gibt es in **Arden** am Mejerivej. Gegenüber im ♥ Arden Dyrepark lebt sehr zutrauliches Rehwild, das sich von einer Aussichtsplattform mitten im Gehege beobachten lässt. Auch das ♥ Zirkusmuseum ist in Arden. Es hat von Mai bis Oktober öffnet. Die ♥ Thingbæk Kalkminer liegt am Nordrand des Rold Skov. in dieser ehemaligen Kalkgrube leben ♥ Fledermäuse, die sich Höhlen mit ♥ Gipsplastiken dänischer Künstler teilen. Es sind Modelle von Bronzestatuen, die viele Städte des Landes zieren. Ein ungewöhnlicher und geheimnisvoller Ausstellungsort!

Familienurlaub

Egense und Mou am Limfjord

Der **Limfjord** trennt Nordjütland vom europäischen Festland, genaugenommen ist das Land nördlich des Fjordes sogar eine Insel namens **Vendsyssel**. Am Südufer des Limfjords liegen die Ferienhaussiedlungen **Egense** und **Mou**. Egense liegt an der Fjordmündung, von hier setzt regelmäßig eine kleine ♥ Fähre nach Hals über. Es ist die einzige Verbindung über den Fjord östlich von Aalborg. Neben dem Fähranleger haben die fleißige Mitglieder des Segelclubs ein ekleine Sandbucht aufgeschüttet, um dem Ort etwas mehr Attraktivität für Familien zu verleihen. Ein echter Badestrand ist es nicht, aber eine große Sandkiste zum Buddeln und Sonnenbaden auf jeden Fall. Im Wasser kann man sich an einem langen Seil entlang hangeln und mit der Taucherbrille das Leben im Fjord erforschen. Neben dem Vereinsheim des Segelclubs stehen viele ♥ Spielgeräte, Kescher und sogar kostenlose Fahrräder zur Verfügung. Die Ferienhäuser sind von Wiesen und Feldern umgeben, ein kleiner Kaufmann sorgt für den täglichen

Mehr auf Seite 86

Familienurlaub

Dorfplatz
Mariager

Einkauf. Ansonsten gibt es nicht viel zu tun, auch zum Spazierengehen führt nur ein schmaler Trampelpfad am Meer entlang.

In **Mou** sieht es ähnlich aus. Das Dorf Mou hat einen Kro, einen größeren Supermarkt, eine Tankstelle und auch einen kleinen ♥ Jachthafen. Strand gibt es vor den Ferienhäusern nicht, nur einen Badesteg am Campingplatz. Die Ferienhäuser von Mou stehen am Limfjord, die Siedlung heißt Skellet. Man wohnt hier grün und friedlich, selbst in der Hochsaison herrscht wenig Betrieb. Am Fjord stehen viele Bänke und am Campingplatz öffnet im Sommer ein kleiner Kiosk.

Der Mariager Fjord

Naturerlebnisse

Der ♥ Mariager Fjord ist eine besonders schöne Förde. Über 38 Kilometer schlängelt sie sich von der Mündung in **Als Odde** bis zur Hafenstadt **Hobro**, nie mehr als 4,5 Kilometer breit, oft nur wenige hundert Meter schmal. Die grüne Uferlinie mit sanften Hügeln und malerischen Orten kann man am besten vom Wasser aus bewundern. Mehrere Veranstalter bieten im Sommer geführte ♥ Kanutouren an.

Wer sich lieber fahren lässt, nimmt den Raddampfer: Zwischen Mariager und Hobro verkehrt im Sommer das ♥ Ausflugsschiff Svanen, es nimmt auch Fahrräder mit.

Bei einer Tour rund um den Fjord sollte unbedingt ein Halt im ♥ Bramslev Bakker am Nordufer auf dem Programm stehen. Das etwa 300 ha große Naturschutzgebiet ist eine abwechslungsreiche Mischung aus eiszeitlich geformten Hügeln, Tälern und Bächen mit reichem Tierleben. Viele Wanderwege führen durch das Gebiet, zum Radfahren ist es eher etwas für sportliche Fahrer.

Essen mit Aussicht

Vom Parkplatz des gleichnamigen ♥ Restaurants Bramslev Bakker hat man eine grandiose Aussicht über den Fjord, die abfallenden Wiesen und die markanten Wacholderbüsche. Unten liegt ein schöner ♥ Badestrand. Weiter in Richtung Küste wartet noch ein sehr malerisches Fleckchen, in dem es im Sommer manchmal frisch geräucherten Fisch gibt: der verträumte Fischerort ♥ Stinesminde. An den ♥ Angelplätzen am Fjord fängt man hauptsächlich Meerforellen. Wer Tipps für gute Angelstellen braucht, kann eine geführte ♥ Angeltour buchen.

fiske-kurser.dk

Rosen, Salz und schöne Aussicht

Die Stadt der Rosen

Mariager ist ein mittelalterlicher Handelsflecken am Südufer des Fjords mit etwa 2.500 Einwohnern, der mit seinen Kopfsteinpflastergassen und einem üppigen ♥ Rosengarten romantisches Flair vermittelt. Rund um die große, weiße Kirche stehen imposante Villen, deren Gärten ein wenig Neid aufkommen lassen! Wer dann sofort Lust auf neue Pflanzen und Dekoration im eigenen Heim bekommt, sollte den Blumenladen unterhalb der Kirche besuchen. Hinter dem Kirchhof geht es bergauf im ehemaligen ♥ Klosterpark Munkeholm. Zwischen Buchen und Seen führen viele Wege über den Hügel, die auch Kindern Spaß machen.

Familienurlaub

Neben dem Rosengarten am Ortsrand können sich Kinder auf dem ♥ Naturspielplatz müde toben.

saltcenter.dk

Im Hafen von Mariager schaukeln hauptsächlich Segelboote, aber auch ein paar größere Schiffe legen unter dem historischen Lastenkran an. Der Blick vom Hafen über den Fjord ist Erholung pur! Noch erholsamen wird's Im ♥ Salzerlebniscenter, denn neben einer Ausstellung über die Salzgewinnung gehört ein Solebad zum Center. Das Salz kommt aus einem Salzstock weiter westlich am Fjord.

mhvj.dk

Hört man vom Bahnhof lautes Schnaufen und Pfeifen, startet die Dampflok ♥ Mariager-Handest Veteranjernbane zu einer Fahrt durch die Landschaft. Wenn sie gerade nicht fährt, kann man zumindest im „Speisewagen“ seinen Picknickkorb auspacken.

Der größte Ort am Ufer ist die Hafenstadt ♥ **Hobro** am westlichen Ende des Mariager Fjordes. Mehrere Galerien und einige Museen wie das dänische Jachtmuseum laden zu einem Besuch ein. Auch das ♥ Wikingerzentrum Fyrkat am westlichen Ortsrand ist ein spannendes Ausflugsziel in schöner Umgebung.

Mein Tipp

Die **Toristeninformation** in **Mariager** hat sich ein besonder schönes **Naturerlebnis für Familien** ausgedacht: Sie verleiht Rucksäcke, die alles enthalten, was ein kleiner Naturforscher benötigt, zB eine Lupe, ein Fernglas, einen Kescher und sogar Sitzkissen für vier Personen. Dazu gibt es einen Prospekt mit vielen Informationen und Anregungen für Spiele in der Natur.

Hadsund mit seiner Fußgängerzone, mehreren Supermärkten und Cafés ist eine etwas größere Stadt am Fjord nah der Ostseeküste. Von ♥ Davincis Restaurant schaut man auf die einzige Brücke über den Mariager Fjord. Alle Schiffe auf dem Weg nach Mariager und Hobro müssen unter der Brücke durch. Sind sie zu hoch, wird die ♥ Klappbrücke geöffnet – ein Anblick, der sicher den technisch interessierten Urlauber erfreut!

NORDJÜTLAND OST

NORDJÜTLAND OST TIPPS

- Wandern & Radfahren
- Familienurlaub
- Angeln
- Naturerlebnisse

QR-Code scannen und weiterstöbern! Den kompletten Artikel zum Ort mit Strandfotos, interessanten Ausflugszielen und vielen Ferienhäusern gibt es hier.

Lage

Ålbæk – Ein ruhiger, gemütlicher Fischerhafen

Der Hafen von Ålbæk ist noch ein richtiger, kleiner Fischerhafen ohne große Touristenattraktionen. In der Werft werden Boote repariert, hinter der Kaimauer beginnt der lange Ostseestrand. Wenn man etwas mehr Leben braucht, ist man schnell in Skagen und auch zur Nordsee ist es nicht weit.

Dänischer Alltag zwischen Heide und Hafen

Wer sich nicht entscheiden kann, ob die Nordsee schöner ist oder vielleicht doch die etwas lieblichere Ostseeküste, der kann in Ålbæk und Umgebung beides genießen: Feinen Sandstrand am Kattegat und nur wenige Kilometer weiter westlich die Ausläufer der Tannisbucht vor ♥ Tversted an der Nordsee.

Mehr auf Seite 54

Boote und Häfen

Direkt in **Ålbæk** gibt es kaum Ferienhäuser, aber einige Geschäfte für den täglichen Bedarf und eine hübsche, mittelalterliche Kirche. Am ♥ Hafen steht ein Imbiss, gemütlicher sind aber der ♥ Aalbæk Kro oder ♥ Mama's Pizza an der

Hauptstraße. Im Dorfgemeinschaftshaus und auf dem Spielplatz am Hafen trifft man vor allem Einheimische, im Fischgeschäft bekommt man tagesfrische Leckereien. Die friedliche Atmosphäre macht Ålbæk für Gäste interessant, die in Dänemark das alltägliche, geruhsame Leben suchen. Der Weg zum feinen, flachen Sandstrand wird im Sommer barrierefrei mit einem Steg befestigt.

Ålbæk liegt an der Bahnstrecke Skagen-Frederikshavn. Mit der ♥ Lokalbahn 79 erreicht man die Städte Skagen und Frederikshavn oder einen anderen Ostseestrand – die Aussicht über die schöne Landschaft ist inklusive! Den Fahrplan ab Ålbæk gibt es online in der dänischen Fahrplanauskunft ♥ Rejseplanen.

Ausflüge mit der Bahn

rejseplanen.dk

In **Napstjært** im Süden und in **Lodskovvad** und **Bunken** nördlich von Ålbæk stehen die meisten Ferienhäuser von Ålbæk. Der zuckerweiche Sandstrand mit flachen Dünen verbindet die Siedlungen, nur unterbrochen vom Hafen. Die Landschaft ist flach, Büsche und kleine Bäume schützen vor Blicken und der Strand ist überall frei zugänglich. Wenn die Heide duftet, die Vögel zwitschern und die Sterne nachts so hell leuchten wie Laternen, ist das Urlaubsglück perfekt!

Ferien am Fuße der Wanderdüne

Wald heißt skov auf Dänisch. **Lodskovvad** liegt also, wie der Name sagt, in einem Waldstückchen. Zur Ostsee sind es, je nach Lage der Häuser, zwei bis drei Kilometer durch die Heide. Wer kann, sollte sich ein Fahrrad mitbringen. Die tollen ♥ Radwege machen wirklich Spaß. In Ålbæk gibt es auch einen ♥ Fahrradverleih, der ganzjährig Fahrräder in jeder Größe anbietet. Auch ein schöner ♥ Golfplatz versteckt sich im Wald, was dem Spiel einen besonderen Reiz verleiht und den Wind abhält. Im ♥ Golfcafé bekommt man auch als Nichtgolfer Kaffee, Sandwiches oder am Abend einen deftigen Grillteller.

Wandern & Radfahren

Dänemarks schönster Golfplatz

Weiter nördlich beginnt die herrliche ♥ Bunken Klitplantage. Sie grenzt im Westen an die Wander-

Ålbæk Strand

düne ♥ Råbjerg Mile. Zwischen den Küsten von Nord- und Ostsee erstreckt sich hier ein unbewohntes Stück Natur. Eigentlich ist es eine Kulturlandschaft, denn die dänischen Klitplantagen, zu denen die meisten Waldgebiet auf Jütland zählen, wurden vor über 100 Jahren mühsam von Hand gepflanzt. Sie werden nicht bewirtschaftet, sondern nur geschützt. Tieren und Pflanzen bieten sie Lebensraum und dem Urlauber Erholung pur. Naturerlebnisse

Der sogenannte **Døde Skov**, ein 44 ha großes Waldstück in der Bunken Plantage, ist als ♥ Hundewald freigegeben. Für den Urlaub mit Hund ist Ålbæk ein sehr gutes Ziel. Die relativ einsamen Strände, der große Wald und die vielen Rad- und Wanderwege versprechen Hundehaltern einen Urlaub mit viel Bewegung. Besonders schön ist es natürlich von Oktober bis März, wenn Hunde am Strand ohne Leine laufen dürfen. Urlaub mit Hund

Der Strand vor Bunken ist ein Paradies für alle, die einsame Spaziergänge lieben. Er ist fast unbebaut, die vereinzelten Ferienhäuser fallen kaum auf zwischen Kiefern und Heidekraut. Die größte „Siedlung" ist der Campingplatz Bunken, wo man am Imbiss eine kleine Stärkung für den Weg bekommt.

Mein Tipp

Spaß am typischen Landleben haben Groß und Klein im **Spielpark Farm Fun.** Esel und Ziegen, Gänse und Schweine, aber auch Kängurus und Lamas gibt es hier. Kinder können eine Runde mit dem Pony reiten oder auf dem Heuwagen mitfahren, auf der Hüpfburg toben und mit dem Kettcar um die Wette fahren. Ein Café und ein Fahrradverleih gehören ebenfalls zum Angebot. farmfun.dk

ÅLBÆK

ÅLBÆK **TIPPS**

- Boote und Häfen
- Wandern & Radfahren
- Urlaub mit Hund
- Familienurlaub

QR-Code scannen und weiterstöbern! Den kompletten Artikel zum Ort mit Strandfotos, interessanten Ausflugszielen und vielen Ferienhäusern gibt es hier.

Lage

Bratten – Ein Traumstrand auf ganzer Länge

Bratten und das benachbarte Strandby sind bei deutschen Urlaubern weitgehend unbekannt. Wer einmal dort war und die Ruhe genießen konnte, wird von der Küste begeistert sein. Die Umgebung verbreitet bei strahlendem Sonnenschein eine fast mediterrane Atmosphäre. Die Nähe zu mehreren Städten entlang der Küste sorgt für Abwechslung, wenn das Wetter mal nicht so mitspielt.

Badefreuden am Bratten Strand

Das weitläufige und grüne Ferienhausgebiet **Bratten** liegt nördlich von Frederikshavn. Nah am Fischerhafen **Strandby**, der wie sein nördlicher Nachbar Ålbæk noch dänisch-ursprünglich ist, erstreckt sich ein wunderbarer Sandstrand vor den meist strandnahen Ferienhäusern.

Die großzügigen Grundstücke sind durch Büsche und Bäume vor neugierigen Blicken geschützt, es duftet nach Heide, Kräutern und Nadelwald. Zum Meer führen viele, schmale Sandwege, die teilweise auch für Rollstühle und Kinderwagen geeignet sind. Die See ist blau und klar und auf dem breiten ♥ Sandstrand ist wirklich Platz für alle Gäste. Der 80 Meter lange ♥ Badesteg wird zu Beginn der Badesaison aufgebaut und ist ein beliebter Treffpunkt zum Sonnenbaden und zum Schwimmen, denn nah am Ufer ist das Wasser zu seicht zum Schwimmen. Familien mit kleinen Kindern werden das flache Ufer schätzen, zum Planschen ist es ideal.

Familienurlaub

Mitten im Ferienhausgebiet öffnen im Sommer ein kleiner Kaufmann und ein Imbiss. Auf dem ♥ Spielplatz können die Kinder sich austoben und schließen vielleicht nette Urlaubsbekanntschaften mit den Nachbarskindern.

Fischertradition in Strandby

Boote und Häfen

Der ♥ Hafen von Strandby ist beliebt bei Freizeitkapitänen, doch auch Fischkutter haben ihren Platz an der Kaimauer. Die roten Fischerhütten werden von Hobbyanglern oder Veteranen der Küste gepflegt, sie immer frisch gestrichen und gehören einfach zum Alltag eines dänischen Ostseehafens dazu. Strandby hatte eine lange Tradition als Fischer- und Bauernsiedlung, bevor die Urlauber den feinen Sand für sich entdeckten und mit ihren Ferienhäusern etwas mehr Leben in den Ort brachten. Der Fischfang wird nach wie vor jeden Morgen zwischen 7 und 9 Uhr in der ♥ Fischauktionshalle verkauft, Zuschauer sind herzlich willkommen. Mitte Juni feiert man im Hafen ein ♥ Fischfest, samstags ist den Sommer über ♥ Flohmarkt am Hafen und im August wird die Saison mit einem großen ♥ Hafenfest beendet.

Lokale Spezialitäten

Niels Tvillinglarsen betreibt ein ♥ Fischgeschäft mit frischem Fisch und andere Köstlichkeiten, man muss also nicht um sieben aufstehen, um ein Mittagessen zu ersteigern. Nebenan im ♥ Restaurant Søjsternen gibt es zudem

Fleischgerichte und süße Desserts. Beide haben aber nur von Ostern bis September geöffnet. Der Lebensmittelmarkt Dagli'Brugsen öffnet das ganze Jahr über, ebenso wie der Hafenimbiss ♥ Den blå Café. Sehr moderate Preise und der Blick auf das muntere Hafentreiben locken Einheimische und Urlauber zum schnellen Mittagssnack.

Angeln

Wer seine Angel daheim vergaß, der kann vor Ort bei ♥ JL Skibsservice Angeln, Zubehör und Würmer kaufen, letzteres auch im Automaten, falls der Laden im Morgengrauen noch geschlossen ist.

Die ungewöhnliche ♥ Strandby Kirche aus den 60er Jahren passt perfekt zu diesem Fischerdorf: Ihre Form erinnert an ein umgedrehtes Fischerboot. Die bunten Rohrglasfenster lassen das Sonnenlicht je nach Tageszeit farbig leuchten. Ungewöhnlich ist ebenfalls, dass das kleine Örtchen Strandby die größte methodistische Gemeinde Dänemarks beheimatet!

Schätze aus der Wikingerzeit

Geschichte

Vor einigen Jahren fanden zwei junge Hobbyarchäologen eine kostbare ♥ Münzsammlung aus der Wikingerzeit, die unter einem Feld nahe Strandby vergraben war. Mehr als 300 Münzen und Schmuckstücke aus dem Mittelalter verbarg der Sand der Küste, vermutlich dort vom einstigen Besitzer in einem Lederbeutel versteckt. Die Münzen wurden in ganz Europa und sogar in Arabien geprägt, womit bewiesen ist, wie geschäftstüchtig und weit gereist die Händler schon im ersten Jahrtausend nach Christus waren.

Eine weitere Entdeckung aus der Wikingerzeit machte man beim Bau der Eisenbahnbrücke über die Elling Å im Jahre 1922. Das sogenannte ♥ Ellingeskibet wurde 1968 geborgen, restauriert und im ♥ Bangsbo Museum in **Frederikshavn** ausgestellt. Gebaut wurde es im 12. Jahrhundert als Frachtschiff, es hatte eine Tragkraft von 15 Tonnen! Mit derartigen Kähnen wurden Waren aus der Ostsee über Skagen in die Nordsee und bis nach Westeuropa verschifft. Das Bangsbo Museum gehört zu einem Gutshof, der mit einem Botanischem Garten, einem Tierpark und einem Waldspielplatz noch mehr Attraktionen für die ganze Familie bietet.

Geschichte

Familien-urlaub

Der bekannteste Strand der Region ist der **Palmenstrand** in Frederikshavn, ein künstlich angelegter Strandpark mit Palmen, Liegestühlen und einem Grillplatz.

BRATTEN **TIPPS**

- Familienurlaub
- Lokale Spezialitäten
- Geschichte
- Boote und Häfen

QR-Code scannen und weiterstöbern! Den kompletten Artikel zum Ort mit Strandfotos, interessanten Ausflugszielen und vielen Ferienhäusern gibt es hier.

Lage

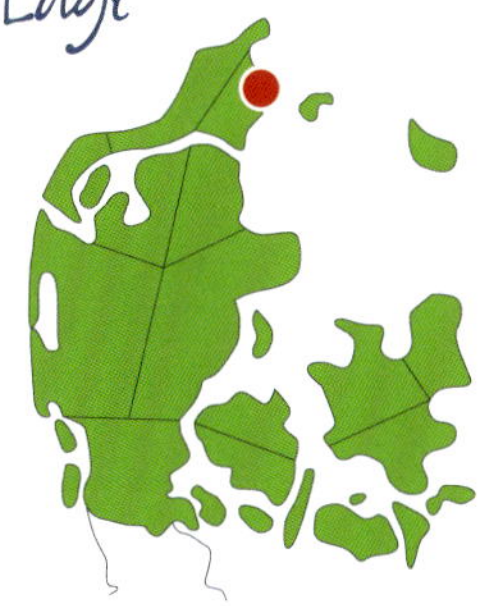

Lyngså – Goldgrube für Muschelsucher

Am Strand von Lyngså findet man die schönsten Muscheln und die größten Schneckenhäuser, aber keine Steine! Über mehrere Kilometer zieht sich der feine Sandstrand nach Norden bis zur malerischen Hafenstadt Sæby. Nach Süden schließt das Vogelschutzgebiet um Voerså mit dem gleichnamigen Flüsschen Voer Å an.

Ferienhäuser zwischen Sandstrand und Feuchtwiesen

Das Dörfchen **Lyngså** an der Ostseeküste ist umgeben von Feldern und Weiden. Geschäfte gibt es hier kaum, nur ein Blumengeschäft und einen Laden mit asiatischen Dekoatikeln. Lebensmittel kauft man im 10 Kilometer entfernten **Sæby** oder in Dybvad. Am Ortsrand und auch in der Ferienhaussiedlung gibt es einen Spielplatz. Doch vor allem ist der Strand von Lyngså einen Urlaub wert!

Strandgutsammler aufgepasst!

Auf dem weichen Sand findet man ausgesprochen ♥ viele Muscheln, große Schnecken, Schwämme und Krebse. Und für ganz gute Augen verstecken sich nach einem kräftigen Herbststurm ♥ Bernsteine auf den vorgelagerten Sandbänken. Diese kann man nur bei Ebbe erreichen. Also heißt es früh aufstehen, bevor die Flut wieder alles überspült!

Das Ferienhausgebiet vor Lyngså ist mehrere Kilometer lang. Zum Strand führen barrierefreie Wege durch die flachen Dünen.

Naturschöne Nachbarschaft: Die Professor-Klitplantage und die Voer Å

Nördlich von Lyngså liegen zwei weitere Strandabschnitte: Am Flakvej bei den Solbækshytten kann man direkt am Meer parken, durch das üppige Waldgebiet der Professor-Klitplantage führt ein kleiner Fußweg zum Strand. Wacholderbüsche, Besenheide und Blumen, umgeben von buntem Mischwald, reichen hier bis zum Meer. Ein toller Rastplatz mit einem Baumhaus lädt zum Verweilen ein. Mit den Kräutern aus dieser Plantage würzt man den Bjesk. Im Spätsommer reifen Himbeeren und Blaubeeren und im Herbst ist Pilzzeit. Kurz vor der Hafenstadt **Sæby** endet der flache Strand zunächst, ein Durchgang bis zum Hafen von Sæby ist am Strand nicht möglich.

Fischerhütten

Aromatischer Heideschnaps

Folgt man dem Strand nach Süden, schiebt sich eine Lagune zwischen Ostsee und Ferienhäuser. Die Feuchtwiesen Stensnæs um den Ort **Voerså** stehen unter Naturschutz, da sie als Brut- und Futterplätze viele Vogelarten anlocken. Am Hafen von Voerså steht ein Beobachtungsturm, der einen herrlichen Blick über die Wiesen, den kleinen Jachthafen und die Ostsee erlaubt. Ein Grillplatz und Picknickbänke stehen allen Gästen zur Verfügung. Man kann sogar in den kostenlosen Schlafhütten nächtigen – sicher eine spannende Erfahrung für Kinder. Nur die Verpflegung muss mitgebracht werden, zu kaufen gibt es hier nichts.

Naturerlebnisse

Hinter dem schmucken Hafenbecken wurde ein kleiner Sandstrand angelegt. Er ist mit der Blauen Flagge ausgezeichnet, aber für einen richtigen Strandtag gibt es schönere Ecken.

Vor dem Beobachtungsturm fließt die Voer Å in die Ostsee. Bachaufwärts im Ort

Bootsverleih

Voerså kann man im ♥ Kanu- und Familienurlaub eine Tour auf dem Fluss buchen oder auch nur ein Tretboot mieten. Ein Café mit Sitzplätzen direkt am Fluss gehört ebenfalls zum Angebot. Die Voer Å ist nicht nur zum Paddeln beliebt, unter ♥ Anglern ist sie bekannt für Forellen und Aale.

Angeln

Sæby – kleine Hafenperle in der Ostsee

Sæby liegt nördlich von Lyngså und bietet einen gemütlichen Mix aus historischer Altstadt, modernem Jachthafen und lebendiger Einkaufsstadt. Am Hafen mündet ein weiterer Fluss in die Ostsee, die Sæby Å. Auch sie ist ein beliebtes ♥ Angelgewässer und ein malerischer Blickfang, der das Ortszentrum mit dem Hafen verbindet. Der ♥ Jachthafen wurde vor einigen Jahren ausgebaut und gehört mit seinen Restaurants, einem Einkaufszentrum und dem Kulturhaus zu den größten und abwechslungsreichsten Jachthäfen an der nördlichen Ostsee.

Angeln

Das Wahrzeichen der Stadt ist die fünf Meter hohe Statue ♥ „Frau vom Meer". Diese weiße Figur wurde von der Bildhauerin Marit Benthe Norheim zusammen mit Kindern aus Sæby geschaffen und wacht über die Hafeneinfahrt.

Aber nicht nur der Hafen ist einen Besuch wert. Hinter der weißen Domkirche und dem alten Rathaus beginnt die malerische Hauptstraße aus früheren Tagen, die ♥ Algade. Die farbigen Fischer- und Kaufmannshäuser beherbergen kleine Galerien, die Touristeninformation und ein privates ♥ Bernsteinmuseum in einem Schmuckgeschäft. Die beeindruckende Sammlung zeigt historischen Schmuck und Rohbernsteine. Für Kinder werden ♥ Ausflüge zum Bernsteinsammeln angeboten.

Familienurlaub

Zwischen Hafen und Zentrum erstreckt sich ein liebevoll gepflegter Park, der früher zu einem noblen Badehotel gehörte. Heute befindet sich im alten Hotelgebäude das ♥ Stadtmuseum. Im neuen Stadtzentrum, westlich der Hauptstraße, kann man rund um den Marktplatz shoppen oder Essen gehen.

Geschichte

Der Strand im Norden von Sæby ist nicht so breit wie der in Lyngså, aber ebenso fein und weiß. Einige Ferienhäuser stehen direkt am Wasser, ein Strandweg lädt zu Abendspaziergängen oder einer Radtour ein. Das Fahrradgeschäft ♥ Cykelgården an der Søndergade vermietet Fahrräder.

Wandern & Radfahren

Im Hinterland von Sæby geht es dann bergauf. Der lichte, hügelige ♥ Buchenwald ist seit jeher ein beliebtes Naherholungsgebiet für Städter und Urlauber. Wanderwege und eine Mountainbikestrecke sind ausgeschildert und verschlungene Flussläufe durchziehen die Täler. Die beste Aussicht über die Küste hat man vom Aussichtspunkt am ♥ Gedebjerget.

Naturerlebnisse

Das steinerne Erbe der katholischen Kirche

Das prächtigste Gebäude aus dem ehemaligen Klosterbesitz ist sicher das ♥ Renaissanceschloss Voergård, das nach wie vor in voller Schönheit erstrahlt. Je nach Jahreszeit variieren die Öffnungszeiten für die Innenräume. Besonders aufwendig ist es zum alljährlichen ♥ Weihnachtsmarkt dekoriert.

voergaardslot.dk

Die weiße ♥ Domkirche von Sæby an der Algade ist innen reich verziert mit Deckengemälden, Holzschnitzereien und aufwendigen Chorstühlen, die aus einem ehemaligen Kloster stammen. Aber nicht nur die Kirche ist ein prächtiges Erbe der katholischen Bischöfe.

Geschichte

Voergård Schlosspark

Die malerische ♥ Wassermühle von Sæby ist Teil des ♥ Herrenhauses Sæbygård, das zum Besitz des Klosters Børglum bei Løkken gehörte. Der letzte Bischof hieß ♥ Stygge Krumpen. Er sorgte unter anderem dafür, dass Sæby im Jahr 1524 die Stadtrechte erhielt. Als Nordjütland protestantisch wurde, fielen die Besitztümer an das Dänische Königshaus und Orte wie Sæby verloren an Bedeutung. Die schönen Gebäude aus der wohlhabenden Ära sind bis heute erhalten. Der Sæbygård wie auch das Stadtarchiv und das besonders für Kinder interessante ♥ Stadtmuseum sind inzwischen Teil des ♥ Sæby Museum.

kystmuseet.dk

Mein Tipp

Am Ortsrand von Sæby liegt **Nellemanns Garten**. Dieser Garten wurde ab 1925 an einem Hang als Park mit Apfelbäumen angelegt. Etwa 200 verschiedene Wildapfelbäume wachsen hier auf weitläufigen Wiesen. Wenn die Apfelblüten sich öffnen, versteht man, warum die Bäume Paradiesäpfel heißen. Der Park ist ganzjährig kostenlos für Besucher geöffnet.

nellemannshave.dk

LYNGSÅ **TIPPS**

- Naturerlebnisse
- Wandern & Radfahren
- Familienurlaub
- Angeln

QR-Code scannen und weiterstöbern! Den kompletten Artikel zum Ort mit Strandfotos, interessanten Ausflugszielen und vielen Ferienhäusern gibt es hier.

Lage

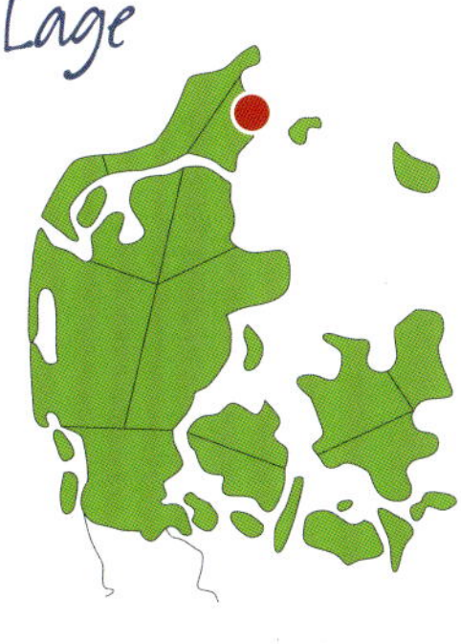

Hou Strand

Hou / Hals – Sandstrand und Naturidylle

Das Ferienhausgebiet Hou und Hals zieht sich über viele Kilometer an der flachen Ostseeküste entlang. Die Ferienhäuser stehen meist wind- und blickgeschützt zwischen Kiefern und Heidekraut. Am Meer wechselt sich feinster Sandstrand mit schilfbewachsenen Lagunen ab und für die gut ausgebauten Wander- und Radwege lohnt es sich, das Auto auch mal stehen zu lassen.

Hou: Ferienhausurlaub für Familien

Nördlich vom Limfjord muss der Ostseestrand den Vergleich mit der Nordsee nicht mehr scheuen. Feiner Sand, flache Dünen und ein blaues Meer bis hinauf zur Nordspitze von Skagen versprechen beste Urlaubsbedingungen – ohne Autos auf dem Strand. In **Hou** begrüßt ein blitzblanker ♥ Jachthafen die Gäste. Erst 1946 wurde er ausgebaut, bis dahin hat man abends die Fischerboote noch auf den Strand gezogen. Seit den 1980er Jahren treffen sich vor allem Segler und Freizeitkapitäne im Hafenbecken, das sich sehr malerisch in die Dünen- und Lagunenlandschaft vor Hou einfügt. Nördlich vom Hafen bevölkern Wasservögel die artenreichen Lagunen. Im Süden beginnt der ♥ kinderfreundliche, flache Badestrand mit puderfeinem Sand. Bei Ebbe zieht sich das Meer weit zurück, für

Boote und Häfen

Familienurlaub

kleine Kinder ist es ein idealer Badeort. Schmale Pfade führen durch die flachen Dünen und die schilfbewachsenen Uferzonen direkt zum Meer.

Am Hafen steht ein hölzerner Aussichtsturm mit Ausblick über die herrliche Landschaft und den kleinen See zwischen Hafen und Strand. Neben dem Turm lädt ein ♥ Spielplatz zum Toben ein, für mitgebrachte Speisen stehen rustikale Picknickbänke bereit. Das benachbarte Hafencafé öffnet im Sommer. In der ♥ Galerie Hou gibt es zwischen März und September Kunsthandwerk zum Staunen und Kaufen.

Familienurlaub

Mein Tipp

Im Sommer wird im Hafen von Hou ein kleines **Motorboot** vermietet, nur zum Spaß oder auch zum Angeln. Mehr dazu gibt's beim Hafenmeister in Hou. Kanus vermietet Voerså Ferie in der Nähe von Sæby. Auf dem Fluss Voer Å werden verschiedene **Kanu-Touren** angeboten und in Voerså kann man **Tretboote** leihen.

Der kleine Supermarkt in Hou hat ganzjährig geöffnet. Partylöwen sei ein Abendausflug in die lebhafte Altstadt von ♥ Aalborg empfohlen, diese liegt nur 30 km von Hou entfernt. Eine rustikale Kneipe gibt es aber auch in Hou: Im ♥ Skovgårds Raaling werden leckere Grillgerichte und Getränke in der gemütlichen Brasserie serviert. Das Restaurant ist auch bekannt für sogenanntes Slow Food à la carte.

Mehr dazu in Band III

Lokale Spezialitäten

Hals: Urlaub zwischen Golfplatz und Heidewiesen

Südlich von Hou, an der Mündung des Limfjords, liegt Hals. Die meisten Ferienhäuser stehen zwischen dem Golfplatz und dem Waldgebiet **Koldkær**. Heckenrosen, flache Kiefernwälder und duftende Heide umgeben die Siedlungen.
Im Trekantskoven beginnt hinter dem großen Parkplatz ein Waldabschnitt für Hundespaziergänge. Vor dem Golfplatz erstreckt sich eine ♥ Lagune, die zum Meer mit einer Sandbank abschließt. Hier kann man sehr schön am Wasser spazierengehen. Zum Baden sollte man aber nach **Bisnap** fahren, dort beginnt der traumhafte, weiße Sandstrand, der bei Ebbe noch breiter wird. Er ist nie überfüllt, selbst im Hochsommer findet man ein freies Plätzchen am Ufer. Entlang der Hauptstraße verläuft ein gut ausgebauter Radweg von Hals nach Hou.

Naturerlebnisse

Oldtimer-treffen in Hals

Seemannstradition in Hals

Der Hafen von Hals ist das Tor zum **Limfjord**, Dänemarks größter Förde. Der Limfjord bildet die Grenze von Nord- nach Mitteljütland. Seit ein Jahrhundertsturm im Winter 1825 ein Loch in die Dünen bei ♥ Thyborøn riss und damit einen natürlichen Wasserweg von der Ostsee zur Nordsee schuf, ist Nordjütland eine Insel namens **Vendsyssel-Thy**. Der Schiffsverkehr kürzt die Fahrt von Meer zu Meer durch den Limfjord ab und am Hafen von Hals gibt es immer was zu sehen: Große Frachter, stolze Segeljachten, kleine Sportboote oder auch Fischerboote passieren den Ort. Einen Logenplatz mit guter Aussicht und vorzüglicher Küche haben Gäste des ♥ Restaurant Havkatten direkt an der Fjordmündung. Möchte man auf die südliche Fjordseite wechseln, nimmt man die Fähre nach **Egense**, die neben dem Jachthafen ablegt. Badestrände gibt es dort nicht, doch das Hochmoor ♥ Lille Vildmose und das Waldgebiet ♥ Rold Skov sind sehr sehenswert.

Mehr auf Seite 90

Rund um den Fischerei- und Jachthafen schaukeln nicht nur Schiffe am Kai, es gibt auch eine große Auswahl an Restaurants. Gleich vier Lokale mit Eis und Waffeln erfreuen alle Süßschnäbel, der ♥ Hafengrill Carl Frederik serviert zudem herzhafte Grillgerichte und Pølser, die man an der Kaimauer genießen kann. Einige Meter weiter im Zentrum des Ortes gibt es Pizza und gegenüber öffnet der Pub ♥ Torvekroen.

In der Touristeninformation am Torvet bekommt man Tipps und Prospekte zur Region. In der alten Schanze, einer hübschen Wallanlage aus dem 17. Jahrhundert, erfährt man im Stadtmuseum ein wenig über die Geschichte des Ortes. Im Sommer treffen sich donnerstags ♥ Oldtimerfeunde vor der Schanze und fachsimpeln über ihre Schmuckstücke. In der Havnegade treffen sich Radfahrer im privaten ♥ Cykelmuseum, wo auch Fahrräder vermietet werden.

Wandern & Radfahren

Hals bietet eine gute Auswahl an Supermärkten und kleine Boutiquen, die ganzjährig öffnen. Mittwochs ist zudem Wochenmarkt.

Die Denkmäler aus Walknochen erinnern an die Zeit, als Walfänger aus ganz Dänemark von Hals aus in See stachen. Die ♥ großen Reetdachhöfe auf Rømø zum Beispiel zeugen vom Wohlstand, den der Walfang den Kapitänen bescherte.

nordmus.dk

Lecker Fisch und ein paar Ausflugstipps

Lokale Spezialitäten

♥ Toms Fiskebod ist ein sehr bekanntes Fischgeschäft in Hou. Hier bekommt man alle dänischen Köstlichkeiten, die das Feinschmeckerherz begehrt – zumindest, wenn Fisch im Spiel ist. Tom ist seit 40 Jahren im Geschäft und er räuchert selbst. Wer in Binnengewässern angeln möchte, fährt ein Stück nach Norden Richtung Lyngså, wo mehrere Flüsse mit guten ♥ Angelmöglichkeiten fließen, zum Beispiel die Gerå oder die Voer Å.

Angeln

Familienurlaub

Von Ende Juni bis Ende August ist die ♥ Kjærsminde Samling am Hou Engvej geöffnet. Es ist eine private Sammlung mit etwa 700 Puppen, alten Schmuckdosen und landwirtschaftlichem Gerät. Der Hof liegt an einer kleinen Straße nahe der Küste mit wenig Verkehr, ideal für eine Radtour durch die Felder. Der Naturcampingplatz Nature ferie nebenan verkauft im Sommer Gemüse und Eier aus seinem eigenen, naturnahen Garten.

Richtung Aalborg liegt das ♥ Ferienzentrum Nymarksminde mit einem kleinen Zoo und vielen Spielmöglichkeiten für Kinder.

HOU/HALS

HOU/HALS **TIPPS**

- Naturerlebnisse
- Wandern & Radfahren
- Familienurlaub
- Boote und Häfen

QR-Code scannen und weiterstöbern! Den kompletten Artikel zum Ort mit Strandfotos, interessanten Ausflugszielen und vielen Ferienhäusern gibt es hier.

Lage

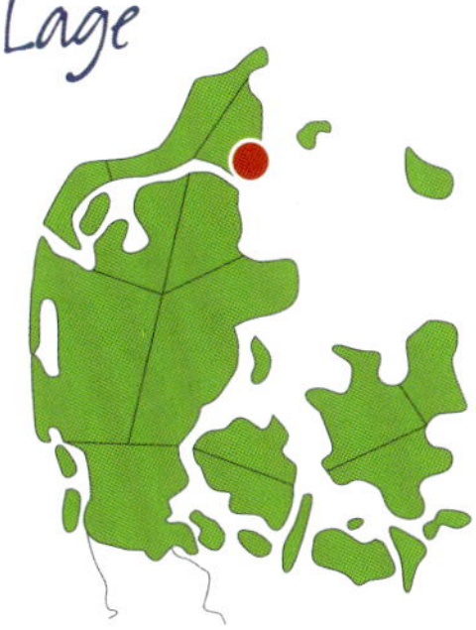

Øster Hurup – Wattwandern auf feinem Sand

In **Øster Hurup** beginnen die feinen, weißen Ostseestrände, die sich bis nach Skagen ziehen. Der Badeort wirbt mit 24-Stunden-Aktivprogramm in der Hochsaison, besonders junge Gäste sind hier angesprochen. Der schöne Sandstrand und das flache Wasser locken aber auch Familien mit kleineren Kindern an.

Ferienhäuser dicht am weißen Sandstrand

Øster Hurup hat eine lange Tradition als Urlaubsort für Familien. Der flache Strand mit seinem feinen, weichen Sand eignet sich besonders für Kinder zum Baden und Buddeln. Kaum ein Ferienhaus steht mehr als 1.000 Meter vom Meer entfernt, so dass man auch mit kleinen Kindern zu Fuß zum Meer schlendern kann.

Im Sommer sorgen verschiedene Sportprogramme, Straßenmärkte und wechselnde ♥ Veranstaltungen für einen abwechslungsreichen Urlaub. Sollte es doch mal langweilig werden, ist man schnell in Aalborg oder in den kleinen Städten am Ufer des Mariager Fjords. Im Øster Hurup Multihus kann man die Sportangebote nutzen oder im ♥ Badeland am Feriecenter in der Halle baden.

Familienurlaub

Die Ostsee ist vor Øster Hurup sehr flach, richtig schwimmen kann wohl man nur hinter der vorgelagerten Sandbank bei Flut. Vom ♥ Jachthafen im Ortszentrum zieht sich der Strand einige hundert Meter in beide Richtungen. Je nach Wind- und Wellengang liegt in der Bucht nördlich der Hafenmole viel Treibgut wie Tang, Seegras oder Würmer am Ufer. Schöner sind die Strände etwas außerhalb, wo zudem die schützende Sandbank aus dem Wasser ragt. An einigen Stellen ist die Sandbank trockenen Fußes über stabile Holzstege zu erreichen.

Boote & Häfen

Zwei große Strandparkplätze markieren die offiziellen Strandzugänge. Der ♥ Novo Strand im Süden und der Strand hinter dem ♥ Kattegat Camping im Norden haben je einen großen Parkplatz mit Liegewiesen, Spielgeräten und Sanitäranlagen. Am Novo Strand ist der Zugang nicht barrierefrei, eine kleine Düne trennt den Strand vom Parkplatz. Ein langer Badesteg verbindet den Strand mit der vorgelagerten Sandbank.

Der Strandzugang nördlich vom Campingplatz ist flach und damit barrierefrei. Der Parkplatz ist auch ein guter Ausgangspunkt für Spaziergänge durch die Natur und zum ♥ barrierefreien Aussichtsturm über das Moor- und Heidegebiet des Lille Vildmose. Am Campingplatz öffnen im Sommer die ♥ Minigolfbahn, eine Pizzeria und ein kleiner Lebensmittelladen. Noch etwas weiter nördlich gibt es einen versteckten Badeplatz, der für textilfreies Baden reserviert ist.

Familienurlaub

An der Hauptstraße und am Hafen gibt es eine große Auswahl an Bars, Eisdielen und kleinen Geschäften. Im Sommer finden regelmäßig ♥ Flohmärkte statt. Zwei Supermärkte, Tankstellen, das Sportangebot im Multihus und einige Restaurants sind auch in der Nebensaison geöffnet. Vor dem ♥ Fischgeschäft kann man bei Sonne das Treiben im Hafen beobachten. Im großen Supermarkt in **Als**, dem südlichen Nachbarort, kann man ganzjährig einkaufen, dort gibt es auch einen Geldautomaten, einen Metzger und eine Bäckerei.

Zwischen Als und Oster Hurup steht der ♥ Hvirvelkærgård mit verschiedenen kleinen Galerien und Kunsthandwerkerläden unter einem Dach. Das Angebot ist überaus vielseitig, selbst ein Faschingskostüm bekommt man hier! Auf dem Parkplatz dürfen Wohnmobile übernachten und die Picknickplätze sind für alle Besucher frei.

Kunsthandwerk

Familienurlaub

Die beste Aussicht auf die Ostsee bieten die schwarzen Reihenhäuser rund um den ♥ Jachthafen. Man hat zwar kein großes Grundstück ums Haus, aber den ♥ Spielplatz, das ♥ Hafenrestaurant Neptun und die schaukelnden Boote gleich vor der Tür. Zum Strand und zum Einkaufen sind es auch nur ein paar Meter.

Wandern und Radfahren

♥ Fahrräder bekommt man gleich nebenan in der ♥ Touristeninformation. Sie vermietet auch Kajaks für eine Paddeltour in der seichten Ostsee.

Flaches Moor und grüne Hügel

Naturerlebnisse

Nördlich von **Øster Hurup** erstreckt sich das größte noch intakte Hochmoor ♥ Lille Vildmose mit einer abwechslungsreichen und geschützten Pflanzen- und Tierwelt.

Im Lille Vildmosecentret gibt es eine Ausstellung über die Tiere und Pflanzen des Moores und einen großen Aussichtsturm mit Blick über das Widschweingehege und die angrenzenden Wiesen. Das weitläufige Gelände des Hochmoores ist frei zugänglich, es gibt viele ♥ Wanderwege und an verschiedenen Stellen weitere Aussichtstürme über die Ebenen, in denen sich Tiere in der Dämmerung treffen.

Die Küste zwischen Als Odde und Egense ist nur wenig besiedelt. Strand gibt es nur bei Øster Hurup, die meisten Abschnitte der Küste sind mit Schilf oder Gräsern bewachsen. Der schmale ♥ Wanderweg an der Küste entlang gehört zum Nordsøstien. Man sollte in der kühleren Jahreszeit wasserfeste Schuhe tragen, denn nach jedem Regen ist der Pfad sehr matschig. Wer berauschende Landschaft erwartet, wird sicher enttäuscht sein, hier ist es vor allem friedlich und erholsam. Angler schätzen die flache Küste zum Brandungsangeln, wobei es auch selten Brandung gibt.

Naturerlebnisse

Der interessanteste Abschnitt der Küste sind die ♥ Mulbjerge bei Dokkedal, kurz vor Egense. Ganz unvermittelt ragen hier 30 - 40 Meter hohe, grüne Hügel aus der flachen Küstenlandschaft empor und bilden einen schönen Kontrast zu Wiesen und Moor.

Die Hügelkette liegt zwischen dem Dorf **Dokkedal** und der Ostsee. Sie ist etwa zwei Kilometer lang und stellenweise auch bewaldet. Verschiedene Wanderwege führen über die Hügel. Am Meer liegt ein sehr langer Badesteg, der von seiner Spitze den besten Blick auf die Mulbjerge bietet. Die weißen Fischerhütten vor dem Steg stammen aus der Zeit, als Heringe die Ostsee überschwemmten und

die Fischer ein gutes Geschäft mit gesalzenem Hering machten. Heute picknicken hier die Freizeitkapitäne. Eine kleine Ausstellung erzählt von der Geschichte der Heringsfischerei an dieser Küste.

Nördlich von Dokkedal beginnt das Ferienhausgebiet ♥ Egense am Ufer des Limfjords. Mit einer kleinen ♥ Fähre von Egense kann man nach ♥ Hou / Hals übersetzen und die Strände im Norden erkunden. Auch die ♥ Kirche von Als südlich von Øster Hurup steht etwas erhöht. Unterhalb der Kirchenmauer gibt es ein lange Mole zum Baden oder Angeln und eine große Wiese mit Picknickbänken. Südlich von Als beginnt das Ferienhausgebiet ♥ Helberskov, das sich bis zur Als Odde am Mariager Fjord zieht.

Mehr auf Seite 86

Mehr auf Seite 94

ØSTER HURUP **TIPPS**

- Naturerlebnisse
- Urlaub mit Hund
- Familienurlaub
- Boote und Häfen

QR-Code scannen und weiterstöbern! Den kompletten Artikel zum Ort mit Strandfotos, interessanten Ausflugszielen und vielen Ferienhäusern gibt es hier.

Lage

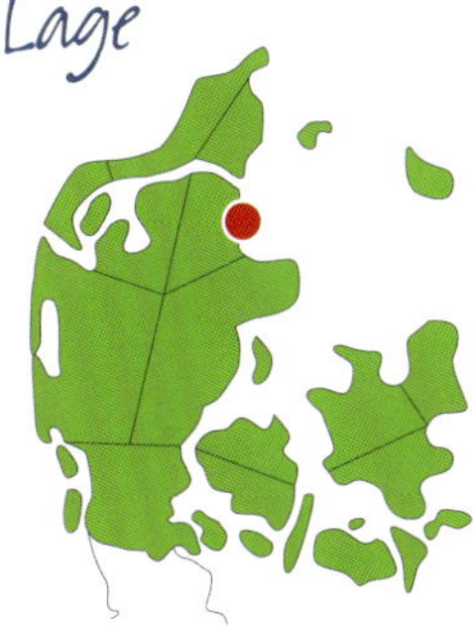

Helberskov – Vogelgezwitscher und breite Uferwiesen

Dass vor den schönen Ferienhäusern in Helberskov kein Strand liegt, ist für Badegäste nicht ideal. Der Spaziergang im flachen Ostseewasser ist dennoch ein tolles Erlebnis, denn der Boden ist fest und sandig. Bei Ebbe zieht sich das Meer hier etwa 1.000 Meter zurück, im Sommer kann man sich auf einer vorgelagerten Sandbank sonnen.

Mehr auf Seite 64

Abseits der Straße, zwischen Feldern und Wiesen liegt das Dorf Helberskov. Das gleichnamige Ferienhausgebiet reicht bis zur Als Odde, wo der schöne ♥ Mariager Fjord in die Ostsee mündet. Die Sommerhäuser stehen in einem lichten Waldgebiet, nur wenige Meter von der Ostsee entfernt. Einen Strand im klassischen Sinne sucht man leider vergeblich, die Salzwiesen grenzen direkt ans Meer. Im flachen Wasser kann man aber wunderbar auf dem feinen Sandboden laufen. Bei Ebbe zieht sich die Ostsee viele hundert Meter zurück, so dass man weit hinausgehen kann, auch mit Kindern. Vor der Küste erstreckt sich zudem bei Ebbe eine Sandbank, die zum Sonnenbaden und Buddeln geeignet ist. Durch die weitläufigen, naturbelassenen Strandwiesen führen viele Pfade für Spaziergänge mit Aussicht auf's Meer. Zwischen den Ferienhäusern am

„Vidjeparken“ liegt ein ♥ Spielplatz und direkt an der Fjordmündung können Kinder am schmalen Sandstrand spielen, Muscheln suchen oder kleine Fische beobachten. Zum Einkaufen fährt man nach Als oder ♥ Øster Hurup.

Familienurlaub

Mehr auf Seite 90

Für Vogelliebhaber sind die weitläufigen Wiesen am Meer ein Paradies. Viele Bänke laden dazu ein, Platz zu nehmen, den Lerchen zu lauschen und die unendliche Weite über dem Wattenmeer zu genießen. Bei Ebbe erstreckt es sich fast einen Kilometer bis zur Sandbank. Der feste Sandboden ist perfekt zum Muschelsuchen. In der Nebensaison ist die Siedlung ideal für einen ♥ Urlaub mit Hund. Die unbebaute Küste ist mehrere Kilometer lang und ein Fußbad in der Ostsee finden auch schwimmfaule Vierbeiner spannend!

Urlaub mit Hund

Als Odde und der Mariager Fjord

Der kleine Fischerhafen an der Mündung heißt ♥ Als Odde. Das Hafencafé versorgt im Sommer die Besucher mit Eis, Getränken und kleinen Speisen. Mit etwas Glück kann man in der Mündung ♥ Tümmler springen sehen, die landeinwärts nach Nahrung suchen. Aber auch die größeren Lastkähne tuckern auf dem Weg nach **Hobro** hier vorbei. Von einem Ferienhaus direkt am Fjordufer kann man die vorbeiziehenden Schiffe beobachten. Zwischen dem Hafen Als Odde und den Fjordwiesen liegt auch ein Stückchen Sandstrand.

Boote und Häfen

Naturerlebnisse

Für eine Kaffeestunde im Grünen oder ein kühles Bier am Abend ist das ♥ Jægerhuset am Alsoddevej zu empfehlen. In diesem Fachwerkhaus mit seinem urgemütlichen Garten werden die Hausmannskost und der leckere Kuchen noch selbst gemacht. Zum feinen Badestrand in ♥ Øster Hurup sind es etwa acht Kilometer.

Mehr auf Seite 90

HELBERSKOV

HELBERSKOV **TIPPS**

- Familienurlaub
- Naturerlebnisse
- Boote und Häfen
- Urlaub mit Hund

QR-Code scannen und weiterstöbern! Den kompletten Artikel zum Ort mit Strandfotos, interessanten Ausflugszielen und vielen Ferienhäusern gibt es hier.

Lage

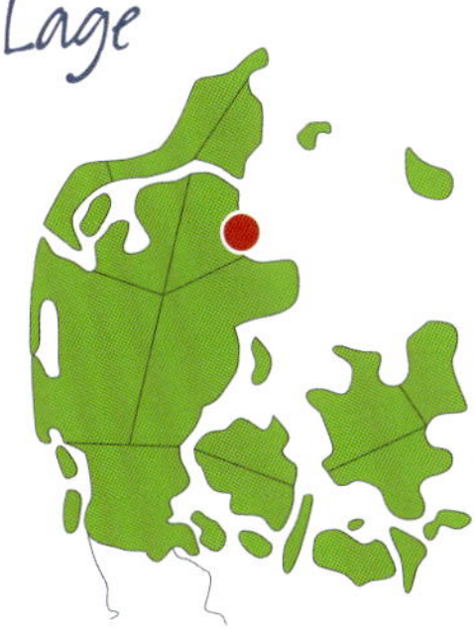

Ostjütland – Urlaub im Zentrum des Königreichs

Die abwechslungsreichsten Landschaften und Ausflugsziele für jedes Alter findet man an der mittleren Ostseeküste: Herrliche Sandstrände, blaue Seen, viele Hügel, eine lebendige Großstadt und fast einsame Ferienhausgebiete, dazwischen mehrere Tierparks, Museen, das Legoland und ein tropisches Badeparadies.

Die Qual der Wahl – wohin soll es gehen?

Naturerlebnisse

Jütlands mittlere Ostseeküste wurde von den Gletschern der Eiszeit geformt, daher ist diese Region landschaftlich so attraktiv. Das Seenhochland mit dem höchsten Hügel des Landes und weitläufigen Seen, Dänemarks längster Fluss ♥ Gudenå und der Nationalpark ♥ Mols Bjerge im Djursland locken Wanderfreunde, Kajakfahrer und Mountainbiker an. Die Sandstrände vor **Fjellerup**, **Odder** und **Juelsminde** sind beliebte Ziele für Strandurlauber und Familien. Rund um **Ebeltoft** und **Mols** geben sich die Strände etwas bescheidener, dafür ist die Landschaft Teil des hügeligen Nationalparks. Die steinigen Klippen im Nordosten des Djurslands locken Fossiliensammler und für Angler gibt es mehrere, beliebte Reviere. Selbst vor den Toren der Stadt ♥ Aarhus kann man ein Ferienhaus in **Skæring** mieten und mit dem Fahrrad oder dem Bus direkt ins Zentrum der jungen Metropole fahren.

Mehr dazu in Band III

Ferienhäuser für Familien und Feinschmecker

Ostjütland reicht von Kolding an der Brücke nach Fünen bis zum Djursland rund um Ebeltoft. **Djursland** heißt die fast runde Halbinsel, die sich vorwitzig in die Ostsee hinaus reckt. Sie wird auch die „Nase Jütlands" genannt. Im Süden ist das Djursland von vielen Buchten und Halbinseln geprägt. Die **Kalø Bucht** war schon im Mittelalter ein ruhiges Plätzchen, darum hat sich wohl der dänische ♥ König Erik IV für diese Bucht als Standort für eine Burg entschieden. Seit dem 17. Jahrhundert verfällt die ♥ Kalø Slotsruin auf einer Insel vor der Küste, doch der etwa 700 Meter lange Damm, der die Insel mit dem Festland verbindet, ist fast vollständig erhalten und gilt heute als die ♥ älteste Straße Dänemarks. Die Burginsel wurde vor einigen Jahren für den Publikumsverkehr hergerichtet und zieht an sonnigen Tagen Heerscharen von Besuchern an. Im ♥ Kalø Slotskro, einem urigen Balkenhäuschen, kann man hervorragend in der Abendsonne speisen und den Blick auf die schöne Festung genießen. Die Bucht ist zu beiden Seiten umgeben von einem dichten Waldgebiet. Rundwanderwege führen vorbei an Hügelgräbern, mächtigen Eichen und Buchen.

Geschichte

kalo-slotskro.dk

Schöne Ferienhäuser stehen im benachbarten **Følle Strand**. Der westliche Teil der Siedlung hat einen malerischen Sandstrand vor der Tür, der ruhigere Ostteil von Følle grenzt an eine flache, vogelreiche Bucht, die bei Ebbe trocken fällt und bei den Bewohnern der Region als Geheimtipp zum Muscheln graben gilt. **Gammel Løgten** hat auch ein paar hübsche Ferienhäuser, einen richtigen Strand sucht man hier aber vergeblich. Tanken, Geldabheben und Einkaufen kann man im nahen **Rønde**.

Die Stadt **Ebeltoft** an der gleichnamigen Bucht im Südosten ist ein wahres Schmuckstück. Die Ferienhaussiedlungen rund um ♥ Ebeltoft sind sehr vielseitig und versprechen ein riesiges Angebot für jeden Geschmack. Ebeltoft liegt am Rand des Nationalparks Mols Bjerge. Mit einem Ferienhaus in der Region ♥ Mols kann man die herrliche Aussicht und die eiszeitlichen Hügel bestens erkunden.

Mehr auf Seite 108

Mehr auf Seite 112

Die Hafenstadt **Grenå** bildet Dänemarks geografischen Mittelpunkt. Ferienhäuser stehen in der hübschen Grenå Marina und rund um den langen ♥ Sandstrand Kantholm. Weißer Sand, flache Dünen und eine blühende Heidelandschaft machen Kantholm zu einem der beliebtesten Strände der Region, der bei deutschen Gästen nahezu unbekannt ist.

Familienurlaub

Im Norden des Djurslandes rahmen die Steilküsten Sangstrup Klit und Rygård Strand das Ferienhausgebiet ♥ Fjellerup und den Fischerhafen Bønnerup ein.

Die ♥ Odderküste gilt bei den Dänen als eine der besten Urlaubsregionen an der Ostsee, darum sind die schönsten Ferienhäuser immer schnell ausgebucht.

♥ Juelsminde liegt auf einem Vorsprung zwischen dem Horsens und dem Vejle Fjord. Wer im Urlaub Radfahren möchte, ist mit einem Ferienhaus in Juelsminde gut beraten, auch die Strandbedingungen sind allesamt familienfreundlich.

An der Mündung des Vejle Fjords in die Ostsee liegen die Ferienhausgebiete **Høl** und **Hvidbjerg**. Schönen Sandstrand und sanfte Ostseewellen gibt es vor Høl, im weiteren Verlauf ist das Fjordufer eher schmal und steinig, aber es gibt Badestege, die das Schwimmen im ruhigeren Fjordwasser ermöglichen. Während der Sommermonate öffnen in Høl ein Lebensmittelmarkt und ein kleiner Imbiss.

Der **Hvidbjerg** ist eine unvermittelt aus der flachen Landschaft aufsteigende ♥ Sanddüne. Von der Straße sieht man nur ein dichtes Waldgebüsch, zum Fjord hin öffnet sich eine beeindruckende Sandfläche am Hang, die an eine Wüstendüne erinnert. Versteckt hinter einem sehr hügeligen Laubwald liegt das friedliche **Andkær Vig**. Große Wiesen und ein ♥ Spielplatz sind schön für Kinder, zum Baden ist es aber kein guter Ort, da der Fjord im Laufe des Sommers mit Schilf und Seegras zuwuchert. Vom Badesteg kann man dennoch ins klare Fjordwasser eintauchen. Die schönen Wanderwege durch den hügeligen Wald und am Fjord entlang sind hier die Attraktionen. Zwischen Hvidbjerg und Andkær Vig liegt der Jachthafen **Brejning**. Das ♥ Restaurant Galionen serviert den Wein direkt auf dem Bootssteg und für süße Genüsse öffnet im Sommer das ♥ Vaffel og Pandekagehuset am Sellerup Strandvej.

Naturerlebnisse

Familienurlaub

Leckere Waffeln

Angeln am Julsø

Das Seenhochland, Dänemarks höchstes „Gebirge“

Im Hinterland von Odder beginnt das **Seenhochland**, eine waldreiche Seenlandschaft mit den höchsten Bergen Dänemarks. Einen wunderbaren Rundblick über das Gebiet hat man vom Aussichtsturm auf dem ♥ Himmelbjerget, der über dem ♥ Julsø in fast 150 Metern Höhe steht. Der Turm wurde in Gedenken an den dänischen ♥ König Frederik VII gegen Ende des 19. Jahrhunderts errichtet und entwickelte sich schnell zum beliebten Ausflugsziel.

Naturerlebnisse

Bei guter Sicht erkennt man sogar die Ostsee. Das Besondere am Ausblick liegt jedoch direkt unter den Besuchern: Blaue Seen, weite Hügelketten und dichte Wälder, wie man sie eher in einem deutschen Mittelgebirge erwartet. Vom Turm führt ein Weg zum **Julsø** hinab. Dort kann man den historischen Ausflugsdampfer Hjejlen besteigen und bis nach Silkeborg schippern. Auf dem Berg gibt es ein schönes ♥ Ausflugslokal. In den Ferien finden hier allerlei Aktivitäten für Kinder statt.

hotel-julso.dk

Die höchste Erhebung im Seenhochland ist der ♥ Møllehøj, gefolgt vom Yding Skov und dem ♥ Ejer Bavnehøj. Diese Hügel sind mit etwa 170 Metern die ♥ höchsten Erhebungen in Dänemark.

Wer zum Angeln nach Dänemark fährt, wird sich in einem Ferienhaus am See zwischen **Silkeborg** und **Ry** wohlfühlen. Einige Häuser haben sogar einen eigenen Steg direkt am See.

Silkeborg bietet ein interessantes Kulturangebot, zum Beispiel das ♥ Papiermuseum oder die wechselnden Ausstellungen im ♥ Kulturzentrum Silkeborg Bad. Zum Kulturzentrum gehört ein Café mit romantischem Ausblick auf das alte Fährhaus am See.

Kultur am See

Tierische Erlebnisse aus allen Kontinenten

Familienurlaub

Kleine und große Tierfreunde bekommen in Ostjütland viel geboten. Der ♥ AQUA Akvarium & Dyrepark, ein Süßwasseraquarium am Vejlsø bei **Silkeborg**, ist besonders kinderfreundlich. Ein toller Wasserspielplatz und die possierlichen Waschbären und Biber erfreuen auch die Eltern. Im ♥ Skandinavisk Dyrepark bei Ebeltoft leben über 20 skandinavische Tierarten in einem großen Park, unter anderem Bären, Wölfe und Elche. Eher ein Zoo als ein Safaripark ist hingegen der ♥ Ree Park.

Angeln

Das ♥ Kattegatcenter am Hafen von **Grenå** ist ein Meeresaquarium. Hier schwimmen sogar ♥ Haie hinter Glas. Wer mag, kann in dem großen Becken einen Tauchkurs absolvieren – allerdings ohne die Haie. Sie werden von einem speziellen Trainer betreut, dem man bei der Arbeit zuschauen kann. Der ♥ Randers Regenskov hat als Attraktion seine besten Zeiten schon gesehen, aber das ♥ Angelrevier an der Gudenå bei **Randers** ist einen Besuch wert. Auf etwas fünf Kilometern Länge ist das Angeln hier kostenlos und zudem mit stabilen Stegen barrierefrei möglich. Im angrenzenden ♥ Fladbro Skov kann man Rehe beobachten und schöne Wanderungen unternehmen. Es gibt auch einen Hundewald.

Mein Tipp

Rock'n'Roll-Fans sollten auf jeden Fall im **Memphis Mansion** in **Randers** vorbeischauen. Am Stadtrand von Randers hat ein echter Fan Graceland, die Villa von **Elvis Presley**, nachgebaut und mit allerlei Souvenirs, einem Restaurant und einer Bühne für Nachwuchsrocker eingerichtet!

Shoppen, spielen, speisen – Städte für jede Wetterlage

Mehr dazu in Band III

♥ Aarhus, Dänemarks zweitgrößte Stadt, ist eine junge Universitätsstadt mit einem alten Stadtkern. Schiefe Fachwerkhäuser und großartige Neubauten stehen so dicht beieinander, dass man die Stadt auch mit Kindern gut zu Fuß erkunden kann.

Geschichte

In **Malling**, südlich von Aarhus, steht das ♥ Moesgård Museum. Der moderne Bau vom Architekturbüro Henning Larsen ist an sich schon einen Besuch wert.

Die kulturhistorische Sammlung ist die größte ihrer Art in Dänemark. Im Sommer findet am Moesgård Strand ein großes ♥ Wikingerfest statt, zu dem auch ein farbenprächtiges Kampfspektakel gehört – die inoffizielle Wikinger Meisterschaft! vikingetraeffet.dk

Die Hafenstadt **Kolding** begrenzt die Region nach Süden hin. Sie entstand im 12. Jahrhundert als Handelsplatz. Noch bedeutender wurde sie, als durch die Unabhängigkeit Schleswigs die dänische Grenze vor Kolding verlief. Ein Gedenkstein auf der 113 Meter hohen **Skamlingsbanken** erinnert daran, dass die Grenzstreitigkeiten zwischen Dänemark und Schleswig über viele Jahrhunderte schwelten.

Das ♥ Schloss Koldinghus, heute ein Museum für Geschichte und Kultur, bildet den Mittelpunkt von Kolding. Die Burg wurde bereits im 13. Jahrhundert zur Bewachung der dänisch-schleswigschen Grenze errichtet. Das ♥ Slotsøbadet zu Füßen der Burg ist ein gänzlich unpolitisches Schwimm- und Wellnessbad für jedes Alter. Dänisches Design der Moderne findet man im ♥ Trapholt Museum. Für Familien ist der kostenlose ♥ Legeparken interessant. Hier kann man Boot fahren, schaukeln oder im Sand buddeln. Sollte das Wetter mal zu nass werden, lädt die ♥ Bibliothek Koldingen in ihre Spielzimmer ein, die ebenfalls allen Besuchern kostenlos zur Verfügung stehen. Familienurlaub

Die Städte **Horsens** und **Vejle** mit ihren schönen Einkaufsstraßen sind im Artikel ♥ Juelsminde näher beschrieben.

Das ♥ Legoland, Dänemarks größter Freizeitpark, und das neue ♥ LegoHouse findet man in **Billund,** ebenso wie das größte Badeland Dänemarks im Ferienpark ♥ Lalandia. Familienurlaub

OSTJÜTLAND

OSTJÜTLAND **TIPPS**

- Naturerlebnisse
- Familienurlaub
- Geschichte
- Angeln

QR-Code scannen und weiterstöbern! Den kompletten Artikel zum Ort mit Strandfotos, interessanten Ausflugszielen und vielen Ferienhäusern gibt es hier.

Lage

Grenå Marina

Fjellerup – Djurslands schönste Seite

Im Norden der Halbinsel Djursland wechseln sich die Sandstrände rund um Fjellerup mit herrlichen Heidegebieten ab, die zum Radeln und Wandern einladen. Am malerischen Hafen von Bønnerup gibt es Ferienhäuser mit Meerblick und frischen Fisch. Die beliebten Ausflugsziele im Djursland sind alle nicht weit entfernt.

Gemütliche Ferienhäuser zwischen Gjerrild und Fjellerup

Wandern & Radfahren

Fjellerup heißt die größte Ferienhausregion im Norden von Djursland. Der Ort selber ist nicht groß, aber mit einem Supermarkt und einigen Lokalen bietet er ausreichend Nahversorgung für die vielen Ferienhäuser. Am Sandstrand, der sich über mehrere Kilometer von der Steilküste im Nordwesten bei **Skovgårde** bis zum ♥ Waldgebiet Nederskov vor **Gjerrild** hinzieht, ist auch im Hochsommer viel Platz. In Skovgårde muss man eine steile Treppe zum Strand hinabsteigen, für kleine Kinder oder Menschen mit Handicap nicht gut geeignet. In Fjellerup ist der Strand schön flach, genauso wie die klare Ostsee. Den breitesten Sandstrand hat das kleine Ferienhausgebiet bei Gjerrild am **Gjerrild Nordstrand**.

Am Fjellerup Strand gibt es ein ♥ Fischgeschäft und einen ♥ Kerzenladen. Die Blaue Flagge weht über der gesamten Küste und ein leckeres Eis gibt es auch an mehreren Stellen.

Bønnerup östlich von Fjellerup bildet das Zentrum der Küste. Ein aktiver ♥ Fischereihafen harmoniert mit dem hübschen Jachthafen, der von Kieselsteinen umgeben ist. Wer Hafenatmosphäre liebt, kann direkt am Wasser in einem Reihenhäuschen Urlaub machen. Im Sommer gibt es ein paar Geschäfte zum Bummeln, verschiedene Restaurants, ein sehr gutes ♥ Fischgeschäft und ein ♥ Krabbenfangbecken für Kinder. Der Strand liegt auf einer Sandbank, die nur bei Ebbe zu sehen ist.

Boote und Häfen

moellefisk.dk

Alte Steine und junges Gemüse

Die Ostküste zwischen **Gjerrild** und **Grenå** ist touristisch wenig bis gar nicht erschlossen, was an der steinigen Küste liegen mag. Bei Fossiliensammlern ist diese Gegend aber gerade deshalb sehr beliebt! Die Steilküste ♥ Gjerrild Klint besteht aus Moränenton und Schmelzwasserablagerungen, die nahegelegenen Ufer ♥ Karlby Klint und ♥ Sangstrup Klint sind Kalksteinküsten. In den unterschiedlichen Materialien lassen sich ♥ Versteinerungen wie Donnerkeile, Seeigel oder sogar seltene Hai- und Mammutzähne finden.

Naturerlebnisse

Geschichte

Das Laufen auf den Kieseln am Ufer ist etwas mühselig. Einen ebenen Zugang hat man vom Parkplatz am Karlby Strandvej. Im weiteren Verlauf der Küste gibt es keine Treppen hinauf, sondern nur dicke Taue zum Abseilen. Ein Abenteuer ist es allemal! Auch für die Schifffahrt ist diese Küste nicht ganz ohne, auf dem Kalkboden sind schon einige Boote festgelaufen.

Die Landschaft im Djursland ist geprägt von Landwirtschaft. Wenn man durch die kleinen Dörfer fährt, muss man eigentlich in jedem Ort anhalten, um das Angebot der ♥ Straßenstände zu studieren. Gemüse, Obst, frische Eier,

Lokale Spezialitäten

Fjellerup Strand

Marmelade, Saft oder hausgemachte Schnäpse werden angeboten. Natürlich typisch dänisch mit Selbstbedienung: Man steckt die Kronen in ein Marmeladenglas und wünscht sich „Guten Appetit".

Herrenhaus und Landwirtschaftsmuseum: Gammel Estrup

Am Erfolg eines großen Gutshofes waren in vergangenen Jahren sowohl der Adel als Großgrundbesitzer und die Bauern als fleißige Landarbeiter beteiligt. Im ♥ Schloss Gammel Estrup aus dem 16. Jahrhundert werden beide Gruppen mit einem Museum gewürdigt. Das Herrenhaus mit seiner Orangerie und dem schönen Garten ist ein ♥ Schlossmuseum. Die Gemächer wurden mit Mobiliar aus verschiedenen Gutshöfen neu eingerichtet. Gleich im Anschluss an den Gutshof steht das ♥ Dänische Landwirtschaftsmuseum, es erzählt von der Entwicklung der Landwirtschaft und dem harten Leben der Arbeiter auf den Feldern.

gammelestrup.dk

Geschichte

FJELLERUP

FJELLERUP **TIPPS**

- Boote und Häfen
- Naturerlebnisse
- Geschichte
- Lokale Spezialitäten

QR-Code scannen und weiterstöbern! Den kompletten Artikel zum Ort mit Strandfotos, interessanten Ausflugszielen und vielen Ferienhäusern gibt es hier.

Lage

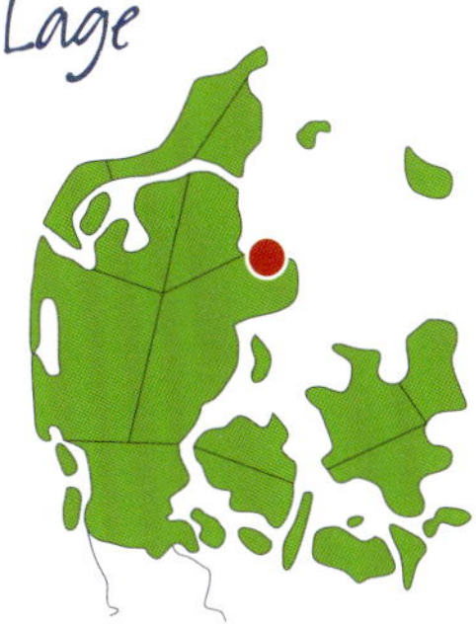

Ebeltoft – Apfelfest und wilde Tiere

Ebeltoft ist ein malerisches Hafenstädtchen mit einer mächtigen Fregatte, die im Herbst das Zentrum des Apfelfestes bildet. Die Ferienhausgebiete schlängeln sich von der Ebeltoft-Bucht bis zur Hafenstadt Grenå an der Küste entlang und bieten ganz unterschiedliche Bedingungen.

Ferienhausgebiete und Strände

Ebeltoft liegt geschützt in einer Bucht im Süden der Halbinsel **Djursland**. Die Ferienhausregion erstreckt sich von der lebhaften Küstenstraße entlang der Ebeltoft Bucht bis nach Elsegårde und Dråby Strand im Osten der Halbinsel. Die schöne, sehr abwechslungsreiche Landschaft gehört zu Dänemarks ♥ Nationalpark Mols Bjerge. Er umfasst nicht nur das Hügelland im Westen, sondern auch weite, fast unberührte Wälder, den großen ♥ Stubbe Sø und die vogelreiche Küste südlich von Ebeltoft.

nationalpark-molsbjerge.dk

Die Ferienhaussiedlungen **Lyngsbæk**, **Handrup**, **Egsmark** und **Vibæk** liegen direkt an der Ebeltoft Bucht. Der Kystvej ist die viel befahrene Hauptstraße um die Ebeltoft Bucht, ein Ferienhaus mit etwas Abstand zum Meer verspricht daher mehr Ruhe, besonders im Sommer! Zum Strand muss man die Straße überqueren, direkt am Wasser stehen kaum Ferienhäuser.

Südöstlich von Ebeltoft liegen die Ferienhaussiedlungen **Ahl** und **Øer**. Dort legt auch die ♥ Fähre nach Seeland ab, aber durch die geschwungene Küstenlinie sieht man den Fähranleger nur von wenigen Häusern aus. Die Siedlung Ahl steht sehr verborgen im Grünen. Auch der schöne Strand ist von Wald umgeben. Zu Øer gehört eine Marina mit bunten Reihenhäusern. Hier wohnt man direkt über den Bootsstegen des Jachthafens. Die Strände und Ferienhäuser von **Elsegårde**, **Dråby** und dem Dörfchen **Boeslum** gehören zwar nicht mehr zum Gebiet des Nationalparks, dafür ist der Blick auf die offene Ostsee und die kleine Insel Hjelm besonders schön. Der durchgängige, lange Strand ist mal feinsandig, mal von dicken Kieseln überzogen. Eine schmale Straße für Spaziergänger, Radfahrer und langsam fahrende Autos führt direkt am Meer entlang. So kann man sich jeden Tag schnell und einfach ein neues Lieblingsplätzchen am Meer aussuchen. **Holme** ist die südlichste Ferienhaussiedlung am flachen Strand. Am Ende der Bucht ragt die ♥ Steilküste Jernhatten in die Höhe. Unten liegt ein etwas steiniger Strand, der nur wenig besucht ist. Spannender ist der Weg zum höchsten Punkt der Klippe, er führt durch einen ungewöhnlichen Buchenwald. Die Aussicht von oben belohnt auch den sportlichen Besucher, der die lange schmale Holzstiege vom Strand hinauf klettert.

↗ mols-linien.dk

Naturerlebnisse

Mein Tipp

Jernhatten liegt auf Höhe der Siedlung Hyllested Skovgårde, wo die **Ebeltoft Gårdbyggeri** ihr Bier braut und ein Hofcafé betreibt. Am Ortsausgang gibt es einen großen Scheunenflohmarkt, in dem die Waren sehr dekorativ nach Farben sortiert sind.

↗ ebeltoftgaard-bryggeri.dk

Die historische Hafenstadt Ebeltoft

Die Halbinseln und Buchten rund um Ebeltoft wurden bereits durch die Wikingern besiedelt. Urkundlich erwähnt wird der Ort erstmals 1301, als ihm die Stadtrechte und damit die Erlaubnis, Handel zu treiben, verliehen wurde. Seinen guten Ruf als Handelszentrum hat die Stadt sich über die Jahrhunderte erhalten, 2014 wurde sie sogar zur ♥ gemütlichsten Einkaufsstadt Dänemarks gekürt.

Schmale Gassen, alte Fachwerkhäuser, eine Reihe von Museen und guten Restaurants sowie der Marktplatz mit dem ♥ kleinsten Rathaus Dänemarks machen den Charme dieser hübschen Stadt aus. Neben der historischen Altstadt aus dem 14. Jahrhundert hat Ebeltoft zwei besonders herausragende Sehenswürdigkeiten:

Geschichte

Geschichte

Die 61 m lange ♥ Fregatte Jylland ist eines der letzten, vornehmlich aus Holz gebauten Kriegsschiffe. Sie gilt als das längste Holzschiff der Welt. Die fast ausschließlich aus Eiche gefertigte „Jylland“ lief 1860 vom Stapel und hatte ihren größten Einsatz 1864 in der Schlacht bei Helgoland gegen die Preußisch-Österreichische Flotte. Das über 400 Mann fassende Schiff wurde nach 1960 ohne Masten und Interieur nach Ebeltoft geschleppt. Seit 1994, nach 10-jähriger, aufwendiger Restaurierung, liegt es nun in einem Trockendock am Hafen.

Der Dreimaster erstrahlt in vollem Glanze und die Besucher können nicht nur das eindrucksvolle Innere mit nachgestellten Szenen aus der Seemannszeit besichtigen, sondern auch um den Rumpf laufen und dort die 10,5 Tonnen schwere Schiffsschraube bewundern. Im dazugehörigen ♥ Museum sind viele Schiffsmodelle und andere Exponate zur Segelschifffahrt ausgestellt.

Kunst und Handwerk

Zerbrechliche Schmuckstücke beheimatet das ♥ Glasmuseum direkt neben der „Jylland“. Kaum ein anderes Museum in Dänemark bietet so viel Kunst aus Glas. Von Mai bis September führen Studenten und ausgebildete Glasbläser vor, wie Glas geblasen und geformt wird. Die Sammlung umfasst Werke von internationalen wie auch von lokalen Künstlern.

Alte und neue Feste in Ebeltoft

Lokaler Markt

Mitte Oktober wird im Hafen rund um die Fregatte das traditionelle ♥ Ebelfestival gefeiert. Es erinnert an die Zeit, als die Apfelernten noch mit Schiffen nach Kopenhagen gebracht wurden. Heute liegen auch in dänischen Supermärkten viele Äpfel aus dem Süden, doch hier wird ausschließlich dem heimischen Apfel und seiner Jahreszeit gehuldigt. Der Geschmack von Apfelkuchen und frisch gepresstem Apfelsaft erinnert an Kindheit und an Omas Garten! Gerade für Kinder gibt es viel zu sehen und zu schmecken. Vielleicht verlangen sie zukünftig eher nach einem leckeren Apfel als nach einem Fruchtzwerg!

Im Sommer feiert man an gleicher Stelle ein großes Sommerfest mit Konzerten, Fahrgeschäften und viel zu essen. Vor dem Rathaus gibt es während der Sommerferien ♥ Jazzkonzerte und einen ♥ Wochenmarkt.

Ein neues Kulturzentrum wird in der ♥ ehemaligen Malzfabrik entstehen, der Umbau des auffälligen, roten Gebäudes soll 2019 abgeschlossen sein. Schon jetzt finden im Hof kulinarische und kulturelle Veranstaltungen statt, die unter dem Namen ♥ Det grænseløse køkken, Grenzenlose Küche, gefeiert werden. ♥ Rampen ist ein anderes Projekt in der Fabrik, es ist eher für jugendliche Gäste gedacht und bringt mit Konzerten, Kinovorführungen und günstigen Getränken ein bisschen Großstadtflair nach Ebeltoft.

Lokale Spezialitäten

EBELTOFT **TIPPS**

- Naturerlebnisse
- Kunst und Handwerk
- Geschichte
- Lokale Spezialitäten

QR-Code scannen und weiterstöbern! Den kompletten Artikel zum Ort mit Strandfotos, interessanten Ausflugszielen und vielen Ferienhäusern gibt es hier.

Lage

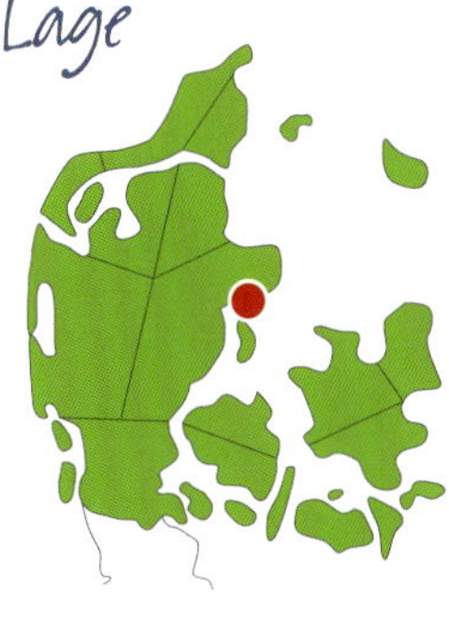

Mols – Naturparadies mit Weitblick

Die Ferienhausregion Mols zwischen Aarhus und Ebeltoft kann zwar nicht mit den besten Stränden aufwarten, aber die herrliche Aussicht und die abgeschiedene Lage versprechen Ruhe, Erholung und so manches schöne Foto für das Urlaubsalbum! Die Hügellandschaft Mols Bjerge und der weiße Leuchtturm Sletterhage sind ein beliebtes Ausflugsziel.

Ferienhäuser zwischen Strand und Steinen

Spottgeschichten

Mols wird der Bereich zwischen den Buchten **Kalø Vig** und **Ebeltoft Vig** im südlichen Djursland genannt. Dazu gehören auch die beiden Halbinseln um Dejret und Helgenæs, obwohl gerade die älteren Bewohner von Helgenæs auf keinen Fall „molboer“, Bewohner von Mols, genannt werden möchten. Die ♥ Molboer haben in Dänemark einen ähnlichen Ruf wie die Schildbürger in Deutschland. Die Spottgeschichten entstanden im 19. Jahrhundert und ein Helbo, ein Bewohner von Helgenæs, legte Wert darauf, nichts mit den „dummen“ Bauern aus Mols gemein zu haben.

Wandern und Radfahren

Heute ist Mols eher bekannt für die wunderbare Hügellandschaft **Mols Bjerge**, deren höchste Gipfel zwischen Vrinners und Fuglsø liegen. Viele ♥ Wanderwege und eine ausgeschilderte Mountainbikestrecke durchziehen das Gebiet. Die historische Stadt Ebeltoft ist nicht weit entfernt und für ein richtiges Großstadterlebnis bietet sich ein Ausflug nach ♥ Aarhus an.

Mehr dazu in Band III

Die meisten Ferienhäuser stehen in **Skødshoved** mit Blick auf die Aarhus Bucht. Frische Brötchen und etwas Gastronomie gibt es nur im Sommer, wenn das Skødshoved Badehotel öffnet. Der ♥ Badestrand südlich vom kleinen Jachthafen ist einer der wenigen Sandstrände in Mols. Der nächste Supermarkt in **Knebel** hat ganzjährig geöffnet. Dort und auch in **Dejret** stehen ebenfalls Ferienhäuser, einen Badestrand haben beide Orte leider nicht. Mols Hoved heißt der südlichste Punkt dieser Halbinsel. Die Steilküste ist schroff und unwirtlich, ganz anders als der idyllisch ♥ Herrenhof Isgård, der hier seine Ländereien verwaltet.

Romantischer Gutshof

Die langgezogene Bucht **Begtrup Vig** eignet sich gut für ♥ Strandurlaub. Steine liegen kaum auf dem Sand und eine blühende Wildrosenhecke rahmt den Strand ein. Die gepflegten Ferienhäuser stehen im Grünen, gut geschützt gegen Wind und fremde Blicke.

Auf **Helgenæs** verteilen sich die Ferienhäuser über die ganze Halbinsel. Die Attraktion von Helgenæs ist der weiße Leuchtturm ♥ Sletterhage Fyr, wo es im Sommer auch Snacks und Eis gibt und die großen Frachter nach Aarhus vorbeiziehen. Die Aussicht ist herrlich, der Strand jedoch steinig und die Strömung zu gefährlich für ein Bad. In **Kongsgårde** kann man einkaufen oder ein Boot mieten und in **Ørby** öffnet im Sommer eine Boutique des Designers ♥ Bo Bendixen.

Boote und Hafen

Der nächste, etwas sandige Badestrand beginnt in **Dragsmur** und zieht sich am Sølystgård Camping vorbei bis nach **Fuglsø** am **Fuglsø Vig.** Die Fuglsø Bucht ist mal mehr, mal weniger sandig und die See ist durch die große Ebeltoft Bucht geschützter. Gefährliche Strömungen muss man hier nicht befürchten. Fuglesø liegt bereits an den Hängen der Mols Bjerge, zu Fuß oder mit dem Rad ist der Anstieg vom Strand oder zum Haus recht mühselig. Je größer die Entfernung zum Meer, desto höher stehen die Häuser! Die steinigen Strände an dieser Küste sind beliebte ♥ Angelreviere.

Angeln

Femmøller erinnert mit seinem Namen an die einstmals ♥ fünf Wassermühlen (fem møller) am Ort. Die Mühlteiche plätschern noch zwischen den

Fachwerkhäusern, gemahlen wird aber schon lange nicht mehr. Als Urlaubsort ist Femmøller weitaus bekannter, hier wurde 1909 eines der ersten Ferienhotels in Dänemark eröffnet. Heute besteht der Ort vor allem aus Ferienhäusern im Grünen. Zum nächsten Strand in **Lyngsbæk** sind es zwei bis drei Kilometer, die schmalen Wege in die Hügel der Mols Bjerge beginnen dafür direkt vor der Haustür.

Vrinners am Kalø Vig ist das größte Dorf der Region. Die wenigen Ferienhäuser schauen auf die schöne Kalø Bucht, wo abends die Sonne am Horizont versinkt. Der Strand ist nur eine steinige, recht schlickige Küste. Im Ort selbst gibt es einen Supermarkt und eine kleine Galerie.

Mein Tipp

Zwischen **Vrinners** und **Agri** werden die leckersten Kuchen und Brötchen in der **Bäckerei Holmgård** gebacken. Die Backstube und ein Café haben neues Leben in die ehemalige Scheune gebracht. Die Auswahl an Gebäck, frisch geröstetem Kaffee und verschiedenen Teigwaren ist so köstlich, dass man den Weg zum Hof ohne Bedenken mehrmals auf sich nimmt. Im Sommer kann man auch draußen vor dem Hof sitzen und seinen Kaffee mit Meerblick genießen.

holmgaard-mols.dk

Luftige Höhen und Toteislöcher

Als Oberbayer kann man wohl nur müde lächeln und selbst im platten Niedersachsen sind die Hügel höher, aber im direkten Vergleich zum Meeresspiegel wirken 130 Meter Höhenunterschied schon recht imposant. **Agri Baunehøj** ist mit 137 Metern der höchste Hügel. Auf seiner Spitze zeigt ein goldener Pfeil, wie weit man von dort über die Ostsee schauen kann. Der kürzeste Weg führt vom Parkplatz in **Agri** durch die Wiesen, man kann aber auch über einen Rundwanderweg

Naturerlebnisse

vom ♥ Besucherzentrum Molslaboratoriet im Osten oder von Femmøller im Norden dorthin wandern. Eine Mountainbikestrecke gibt es ebenfalls. Weiter südlich zwischen Fuglesø und Viderup liegt der **Trehøje** mit 127 Metern. Die Vegetation wird auf beiden Hügeln von Schafen und Rindern kurz gehalten. Schattige Wege führen durch den Wald der **Knebel Plantage**. Verspürt man Kaffeedurst, ist die ♥ Mols Kafferisteriet am Lyngvej ein guter Tipp. Das kleine, weiße Häuschen am Straßenrand südlich der Plantage übersieht man leicht, denn es

molskafferisteriet.dk

Sletterhage Fyr

egilscafe.dk

steht außerhalb eines Ortes. Den Kaffee der Rösterei serviert auch ♥ Egil's Café in Femmøller Strand.

Die gesamte Landschaft wurde in der Eiszeit gebildet. Die Hügel hat das Eis vor sich hergeschoben, die steilen Täler sind ♥ Toteislöcher, die nach dem Abschmelzen der Gletscher entstanden. Eisbrocken, die mit Erde bedeckt waren, bildeten unterirdische Hohlräume, die irgendwann abrupt einbrachen. Das bekannteste Toteisloch in den Mols Bjergen heißt **Tinghule** oder **Dødishul**. Früher wurden hier öffentliche Versammlungen und Gerichtsverfahren abgehalten, die man Thing oder dänisch ting nannte. Das Dødishul ist heute mit Wachholder und Heide bewachsen und wirkt weit weniger furchteinflößend als sein Name.

Zwei Besucherzentren informieren über die Natur und die Wanderwege im Gebiet, hier bekommt man Karten oder kann im Sommer eine geführte Wanderung buchen. Gastronomie gibt es keine, aber viele Picknickplätze.

Naturerlebnisse

Der Nationalpark Mols Bjerge reicht bis nach **Fuglslev** im Norden. Dort ist die Landschaft sehr flach, aber waldig. Der große **Stubbe Sø** ist auch durch ein Toteisloch entstanden, was sich später mit Wasser gefüllt hat. Das gesamte Ufer ist ♥ Vogelschutzgebiet, und daher nur an zwei Stellen mit etwas Fußmarsch zu erreichen. Am Nordufer liegt das ♥ Stubbe Sø Fuglereservat. Ein Rundweg durch den Wald ist mit Futterhäuschen und Nistkästen bestückt, damit man die kleinen Waldbewohner aus nächster Nähe beobachten kann. Zum See hin wurde der Wald gelichtet, eine Rinderherde hält das nachwachsende Grün kurz. Nahe der Picknickbank am Ufer hängt sogar ein großer Kasten für ein Käuzchen oder eine Eule. Der Zugang zum Reservat liegt versteckt zwischen Fugleslev und Gravslev hinter einer Pferdekoppel, Parkplätze für drei Autos und eine Picknickbank sind der einzige Hinweis.

Der südlichste Punkt: Sletterhage Fyr

Ganz im Süden von Helgenæs steht der weiße Leuchtturm **Sletterhage Fyr**. Er ist nur 17 Meter hoch, doch mit seiner besonderen Lage ist er ein Garant für tolle Aussicht. Von April bis Oktober wird im Turm eine kleine Ausstellung zur Geschichte geöffnet und man darf für ein paar Kronen die Aussichtsplattform

besteigen. Auf dem Parkplatz bekommt man Erfrischungen im ♥ Ishuset und belegte Brote und Hot Dog am ♥ Pølsevogn. Es ist ein malerisches Ensemble: Der weiße Turm ist umgeben von ein paar krummen Kiefern, der Strand besteht aus dicken, weißen Kieseln und das blaue Meer blitzt von drei Seiten.

Das eigentliche Spektakel sind aber die vorbeiziehenden Frachter, die den ♥ größten Containerhafen Dänemarks in Aarhus ansteuern. Auf der Website des Leuchtturms findet man einen Link zu ♥ Marine Traffic, wo die zu erwartenden Schiffe der nächsten Tage angezeigt werden. Vom historischen Dreimaster bis zu gigantischen Containerschiffen muss hier alles vorbei, was nach Aarhus will.

marinet-raffic.com

Aus dem zweiten Weltkrieg ist die Ruine des ♥ Tyskertårnets übrig geblieben. Vom Fuß des ehemaligen Wachturms in der Nähe des Leuchtturms kann man ebenfalls den Schiffsverkehr und die Aussicht genießen.

MOLS **TIPPS**

- Naturerlebnisse
- Wandern & Radfahren
- Angeln
- Boote und Häfen

QR-Code scannen und weiterstöbern! Den kompletten Artikel zum Ort mit Strandfotos, interessanten Ausflugszielen und vielen Ferienhäusern gibt es hier.

Lage

Odder – Urlaubsregion für Genießer

Die Urlaubsregion Odder lockt mit vielen Restaurants, kinderfreundlichem Sandstrand und tollen Ferienhäusern. Zwischen Aarhus und dem Horsens Fjord reihen sich mehrere Ferienhausgebiete aneinander. Im Hinterland lädt das Seenhochland zu Wandertouren ein.

Ferien mit der Familie

Familienurlaub

Die Odderküste ist ein Paradies für Familien und für Genießer. Die ♥ flachen Strände garantieren unbeschwertes Badevergnügen, die zahlreichen Ferienhäuser bieten Platz für kleine und große Familien und wer gern essen geht, findet eine reiche Auswahl an Lokalen. An den Stränden gibt es ♥ Spielplätze, Eisdielen und in der Hochsaison jede Menge ♥ Ferienaktivitäten. Geographisch liegt Odder beinah in der Mitte von Dänemark – perfekt, um das Land zu erkunden. Fast überall ist der Zugang zum Wasser auch barrierefrei und die vorgelagerten Inseln Samsø und Tunø besänftigen die Wellen der Ostsee.

Saksild ist die bekannteste Feriensiedlung. Am Strandparkplatz öffnen im Sommer ein Imbiss, ein kleiner Supermarkt und das ♥ Restaurant Bondehuset mit Meerblick. Die kleine ♥ Minigolfbahn in Saksild wirbt damit, die älteste ihrer

Art in Dänemark zu sein, sie wurde bereits 1947 eröffnet. **Dyngby** liegt südlich von Saksild und ist sehr ruhig, weil der Durchgang nach Saksild nur zu Fuß oder mit dem Rad möglich ist, der Autoverkehr wird außen um das Gebiet geleitet. In **Rude** und dem südlichen Bereich von **Kysing Næs** liegt der Sandstrand etwas unterhalb der Straße, Treppen und ein barrierefreier Weg führen zum Meer hinunter. **Norsminde** hat einen Hafen am gleichnamigen Fjord und **Ajstrup** lockt mit flachem Sandstrand und vielen Ferienhäusern mit Meerblick. Ganz im Süden der Odderküste kann man im Hafen von **Hou** oder in **Amstrup** am Ufer des Horsens Fjords wohnen.

Das Städtchen **Odder** ist das Zentrum der Region. Der Ort hat eine kleine Einkaufsstraße mit vielen Bänken, einer Eisdiele und dem Secondhandladen Retro für Flohmarktliebhaber. Das ♥ Schwimmbad sorgt für Badespaß an kalten Tagen und vom Bahnhof kommt man ohne Auto in die umliegenden Städte.

Familienurlaub

Im ♥ Odder Museum werden rund um das Jahr zahlreiche Aktivitäten angeboten: einen Ausflug mit dem ♥ Museumsschiff Anna vom Hafen Hou aus oder eine ♥ historische Kajakfahrt entlang der Küste. Auch lokales Kunsthandwerk ist im Museum zu bewundern. Gut beheizten Badespaß bietet das ♥ Schwimmbad Vandhalla in Hou. Die Schwimmhalle gehört zu einer Bildungseinrichtung für körperlich beeinträchtigte Erwachsene und ist daher in allen Bereichen barrierefrei ausgestattet.

oddermuseum.dk

Dänische Köstlichkeiten in Hofläden und Restaurants

Liebhaber der dänischen Kochkunst sind in Norsminde genau richtig: Im ♥ Norsminde Kro gibt es eine Brasserie mit guter Küche, ein Restaurant mit ♥ Slow Food auf höchstem Niveau und dazu die größte Weinsammlung Dänemarks. Nebenan bekommt man Fischspezialitäten, frischen Fisch kann man das ganze Jahr über bestellen. Im Sommer öffnet eine Galerie mit Kunsthandwerk am Kro.

Lokale Spezialitäten

Interessantes über den ökologischen Landbau erfährt man im ♥ Ökologischen Garten, dem größten seiner Art in Nordeuropa. Kinder lieben die Streichelgehege und vielen ♥ Mitmachangeboten, die den Geschmack für naturnahe Köstlichkeiten schulen: Apfelsaft pressen, Suppe kochen oder den Duft der vielen Kräuter erschnuppern. In den vierzehn Themengärten lernen auch passionierte Gartenfreunde noch etwas Neues zum Thema Kräuterbeete, Obst- und Gemüseanbau, Blumen oder Ziersträucher. Für den heimischen Garten verkauft der Hofladen besondere Sämereien und Gartenzubehör und serviert Kaffee und Kuchen auf der

Familienurlaub

Terrasse. Das hyggeligste Restaurant der Küste heißt ♥ Himmel & Hav. Der Blick auf Himmel und Meer und die Speisen passen perfekt zum gemütlichen Ambiente des schönen Lokals bei Rude Strand! Am Hafen von Hou gibt es im Sommer Livemusik am Kai im Caféen.

Lokale Spezialitäten

Wer gerne selber kocht und Wert auf hochwertige Zutaten legt, darf sich auf die vielen ♥ Hofläden freuen. Dänemark führt beim Verbrauch von ökologisch erzeugten Lebensmitteln, entsprechend gut ist das Angebot! Der Hofladen Paradies in Ajstrup lohnt allein wegen des schönen Namens einen Besuch. Im Zentrum von Odder findet regelmäßig ein ♥ Wochenmarkt statt, in Saksild Strand gibt es einen kleinen ♥ Feinkost-Käseladen und eine Bäckerei.

Erholsame Abgeschiedenheit auf Tunø und Samsø

Mehr in Band III

Samsø ist eine der beliebtesten Urlaubsinseln der Dänen. Das Naturparadies in der dänischen Ostsee ist mit der Fähre von Hou aus in nur knapp zwei Stunden zu erreichen. Wenn man keines der schönen Ferienhäuser auf ♥ Samsø gebucht hat, bietet sich auch ein Tagesausflug an, um die Natur in der Hügellandschaft auf der Nordinsel oder die entzückenden Fachwerkhäuser in Nordby zu besichtigen.

Zwischen Samsø und der Odderküste liegt die kleine, ♥ autofreie Insel **Tunø**. Mit der Fähre von Hou erreicht man die Insel auch für einen Tagesausflug zum Wandern oder Radeln, Fahrräder bekommt man auf der Insel. Ein rund sieben Kilometer langer Wanderweg führt rund um die Insel. Achtung: Die Fähre verkehrt im Winterhalbjahr nur zweimal täglich.

Taxi-Trecker aus Tunø

Auf Tunø gibt es nur wenige Ferienhäuser. Die sauberen Strände reichen um die ganze Insel. Sie sind recht steinig – typische Naturstrände. Ein Supermarkt und ein Restaurant sorgen für das leibliche Wohl. Wenn man sich für einen Urlaub auf Tunø entscheidet, parkt man das Fahrzeug am Hafen in Hou. Auf der Insel nehmen dann Traktoren mit Anhänger, die ♥ Traxa, die Urlauber in Empfang und bringen sie zu ihrem Urlaubsquartier.

Radtour um den Horsens Fjord

Naturerlebnisse

Die leicht ♥ hügelige Landschaft im Süden der Region Odder steht unter Naturschutz und ist der ideale Urlaubsort, wenn man gerne fernab vom Trubel wohnen möchte. Von **Amstrup** führt ein kleiner Damm hinüber zur flachen Insel **Alrø**, die man am besten mit dem Rad erkunden kann. Es gibt ein kleines Restaurant und

das ♥ Café Alrø am äußersten Ende der Insel. Im Sommer kann man mit der ♥ Fahrradfähre weiter auf die Insel **Hjarnø** und nach **Snaptun** übersetzen. So lässt sich der Horsens Fjord komplett mit dem Rad umrunden. In der Nähe von Snaptun liegt das Dorf Glud mit einem ♥ Freilichtmuseum. In einem alten Fachwerkhof erzählt die Ausstellung vom Leben der Landbevölkerung in Ostjütland.

Wandern und Radfahren

gludmuseum.dk

Mein Tipp

Ein ganz besonders schöner Hofladen ist **Fru Møllers Mølleri** zwischen Saksild und Dyngby Strand. Hier bekommt der Feinschmecker alles, was das Herz begehrt: Fleisch aus der Hofmetzgerei, frisch gerösteten Kaffee, Gemüse in großer Auswahl, Backwaren, köstlichen Käse und allerlei süße Delikatessen. Im Restaurant kann man die Speisen gleich probieren – allerdings nur, wenn man keinen Hund dabei hat.

frumollersmolleri.dk

ODDER TIPPS

- Familienurlaub
- Wandern & Radfahren
- Naturerlebnisse
- Lokale Spezialitäten

QR-Code scannen und weiterstöbern! Den kompletten Artikel zum Ort mit Strandfotos, interessanten Ausflugszielen und vielen Ferienhäusern gibt es hier.

Lage

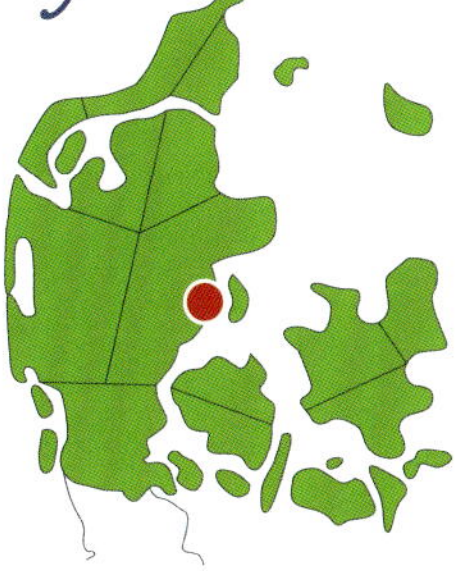

Juelsminde – Ein farbenfroher Jachthafen

Der beliebte Urlaubsort Juelsminde liegt auf einer Landspitze, eingebettet zwischen dem Vejle Fjord und dem Horsens Fjord. Juelsminde bietet gute Einkaufsmöglichkeiten und viel Gastronomie. Am Jachthafen gibt es immer etwas zu entdecken. Die schönen Ferienhäuser stehen entlang der flachen Badebuchten und an einer bewaldete Steilküste in Pøt Strandby.

Familienurlaub zwischen Hafenflair und Buchenwald

Boote und Häfen

Juelsminde war einst ein Fährhafen und damit ein Durchgangsort auf dem Weg nach Seeland. Seit der Einstellung des Fährbetriebs in den 1980er Jahren wurde aus dem Ort ein beliebtes Ziel für ♥ Freizeitkapitäne und Ferienhausurlauber. Heute stehen entlang der Küste mehrere schöne Ferienhaussiedlungen mit ganz unterschiedlichen Bedingungen.

Familienurlaub

Rund um Juelsminde warten drei flache, ♥ kinderfreundliche Sandstrände auf Familien, Strandbummler und Muschelsucher: Direkt am Jachthafen, an der Südküste von Bjørnesknude und nördlich von Juelsminde nahe der Reihenhaussiedlung findet man Sand, sanft plätschernde Wellen und eine freie Sicht auf die blaue See.

Der Jachthafen bietet nach mehreren Umbauten Platz für 500 Boote, entsprechend bunt und fröhlich geht es dort im Sommer zu. Rund um das Hafenbecken stehen mehrere Restaurants und Eisdielen mit Hafenblick. Auch eine ♥ Fischräucherei lockt mit ihren Köstlichkeiten. Im Winter ist die Auswahl nicht ganz so groß, einen Hot Dog am Imbiss oder eine Frokostplatte im Kro gibt es jedoch das ganze Jahr über. Der kleine Spielplatz und ein toller Steg nur für Kinder zum beliebten ♥ Krabbenangeln halten den Nachwuchs bei Laune, während die Eltern auf den schönen Sitzplätzen das Urlauberleben bei einem Glas Wein genießen können. Hinter der Fischräucherei beginnt der breite Sandstrand.

Familienurlaub

Mein Tipp

Eine Muschel an eine Wäscheklammer klemmen, eine Schnur an die Klammer knoten und ins Meer halten – fertig ist die **Krabbenangel**. Die Krabben schnappen nach der Muschel und können so in einen Eimer gehoben werden, woraus man sie nach ausgiebiger Beobachtung unverletzt ins Meer zurücksetzen sollte. Am Hafen steht eine hölzerne **Krabbenrennbahn**, auf der sich die schnellste Krabbe den ersten Platz beim Lauf ins Meer sichern kann.

In der Ferienhaussiedlung an der Landspitze **Bjørnsknude** geht es sehr geruhsam zu. Der Strand ist zwar schmaler, aber dafür laden die Rasenflächen zum Spielen ein. Wer es noch friedlicher will, wohnt in den Nachbarorten **As Vig** oder **Pøt Strandby**. As Vig ist die nächste Bucht in Richtung Norden, sie beginnt in **Kirkholm** unterhalb der prächtigen, weißen As Kirke und zieht sich etwa drei Kilometer weit bis zum Waldgebiet Sønderby Skov. Das Wasser ist flach und sauber, der Sand fein und hell und es gibt mehrere Badestege. Der Blick über die weite Bucht lässt den Puls sinken und die Urlaubslaune steigen! Die kleine Einkaufsmöglichkeit hat nur im Sommer geöffnet.

Am nördlichen Ende der Bucht erhebt sich der Strand zur Klippe. Aus dem feinen Sandstrand wird eine abenteuerliche Steilküste mit vielen Steinen, Baumwurzeln und wenig Sand. Die Ferienhäuser in und um den Sønderby Skov gehören zur Ferienhaussiedlung Pøt Strandby. Die Grundstücke sind etwas weitläufiger. Viel Grün umgibt die Häuser, Fasan und Rebhuhn gehören fast zur Hausausstattung. Wer den Badestrand nicht direkt vor der Haustür braucht, kann hier ein großes Ferienhaus zu einem günstigen Preis bekommen.

Radfahren, wandern und paddeln in grüner Umgebung

Wandern & Radfahren

In der Küstenregion um Juelsminde gibt es nur wenig Verkehr, die flache Landschaft ist ♥ ideal für Fahrradtouren. Am Nordstrand von Juelsminde startet der 22 Kilometer lange ♥ Kyststien, ein Wanderweg, der bis nach Snaptun führt und auch etappenweise begehbar ist. Für Wassersportler ist das ♥ Naherholungsgebiet am Ufer der Gudenå bei **Tørring** ein schönes Ausflugsziel. Die **Gudenå** ist Dänemarks längster Fluss, der auch als Angelgewässer sehr beliebt ist. Die reiche Tier- und Pflanzenwelt kann man wunderbar mit dem Kanu oder Mountainbike erkunden, geführte Touren und ausgeschilderte Rundwege beginnen in Tørring. Viel Grün umgibt auch die Stadt **Vejle** an der Mündung des gleichnamigen Fjords. Der ♥ Nørreskov ist ein hügeliger Wald am Nordufer des Fjordes mit einem ♥ Kletterpark, freilebendem Rehwild und einer Mountainbike-Strecke. Am Ufer des Fjord liegt das schöne ♥ Strandbad Albuen. Vejle hat eine lebendige Innenstadt mit vielen Lokalen, Geschäften und einem Einkaufszentrum am Ufer des Flüsschens ♥ Vejle Å. Wer mehr Natur erleben will, kann im Flusstal der Vejle Å herrliche Wanderungen zwischen Seen, Hügeln und Heide unternehmen.

Naturerlebnisse

Museen, Markt und Mittelalter in Horsens

Geschichte

Horsens ist mit über 50.000 Einwohnern die drittgrößte Stadt in Jütland. Der Hafen wurde bereits im 19. Jahrhundert für die Metall- und Tabakindustrie genutzt und hat der Stadt zu Wohlstand und Größe verholfen. Das ♥ Dänische Industriemuseum im sehr hübschen, ehemaligen Gas- und Elektrizitätswerk erzählt von der Geschichte dieser Arbeiter- und Industriekultur. Große Dieselmotoren, alte Fahrzeuge und eine Einkaufszeile aus den 1950ern erinnern an eine Zeit, als es weder Computer noch Handys gab. Für Kinder von heute ist diese Zeit fast so fern wie das Leben der Ritter und Wikinger, deren Spuren man ebenfalls in Horsens findet.

Horsens wurde, wie so viele dänische Städte, von den Wikingern gegründet. Im späten Mittelalter ließ König Erik VI hier die erste Burg errichten. Jedes Jahr im August erwacht das mittelalterliche Leben von Neuem: Zum ♥ Mittelalterfestival strömen Händler, Gaukler und Ritter aus ganz Europa zusammen, um die Innenstadt in ein buntes Spektakel zu verwandeln.

Dänische Malerei und Bildhauerei aus dem 19. und 20. Jahrhundert zeigt das in einem idyllischen Park gelegene ♥ Horsens Kunstmuseum. Zum Shoppen lädt Dänemarks breiteste Fußgängerzone ein: Alle bekannten Modeketten sind vertreten, dazwischen Boutiquen, gemütliche Cafés, alte Kaufmannshäuser und immer wieder Spielgeräte für Kinder.

Ein Runenstein für die Ewigkeit

Die Stadt **Jelling** liegt zwischen Horsens und Vejle in grüner Umgebung. Am ♥ Fårup Sø gibt es eine kleine Badestelle mit einem Imbiss, aber das ist nicht die eigentliche Attraktion des Ortes. Die sogenannten ♥ Jellingsteine aus dem 10. Jahrhundert sind das bedeutendste Kunstwerk in der Geschichte Dänemarks. Die Unesco hat die mit Runen beschrifteten Steine und die benachbarte, 1000 Jahre alte Steinkirche bereits 1994 als Teil des ♥ Weltkulturerbes anerkannt.

Geschichte

♥ Harald Blauzahn und sein Vater Gorm waren berühmte Wikingerkönige. Gorm preist in seiner Inschrift seine Frau Thyra, Harald lobt seine Eltern und auch sich selbst als König über Dänemark und Norwegen. Harald wandte sich aus politischem Kalkül dem europäischen Christentum zu und war der erste König, der ganz Dänemark unter einer einer Krone vereinte.

Blauzahn = Bluetooth

Das Besucherzentrum mit einer multimedialen, beeindruckenden Ausstellung gehört zum dänischen Nationalmuseums. Der Kirchhof und das Besucherzentrum sind ganzjährig kostenlos geöffnet. Jedes Jahr im Juli schlagen Wikinger ihre Zelte vor der Kirche auf und laden ein zum ♥ Jelling Wikingermarkt. Das ♥ Jelling Musikfestival lockt Rock- und Folkfans im Wonnemonat Mai nach Jelling.

↗ vikingemarked-jelling.dk

JUELSMINDE **TIPPS**

- Geschichte
- Wandern & Radfahren
- Familienurlaub
- Boote und Häfen

QR-Code scannen und weiterstöbern! Den kompletten Artikel zum Ort mit Strandfotos, interessanten Ausflugszielen und vielen Ferienhäusern gibt es hier.

Lage

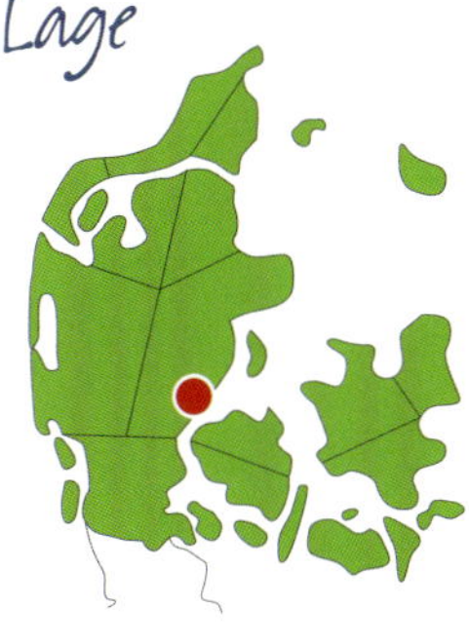

Kragenæs Hafen

Fähre Rørvig-Hundested

Dänische **Inseln** – abgelegen oder mittendrin

Wo könnte man sich besser erholen als auf einer Insel, weit draußen im Meer, wo die Zeit langsamer läuft und niemand sein Haus abschließt? Davon gibt es einige in Dänemark, zum Beispiel das kleine **Fejø**.

Aber zum Land gehört auch eine Insel, die so groß ist, dass sie sogar die dänische Hauptstadt stellt: Seeland. Seeland ist so vielseitig, dass man für jede der drei Regionen **Südseeland** mit der Halbinsel Stevns um **Rødvig**, **Nordseeland** mit den beliebtesten Badeorten an der „dänischen Riviera" und **Westseeland** mit der weiten **Sejerø Bugt** und dem Hafenstädtchen **Rørvig** einen eigenen Urlaub einplanen sollte, um alle Schlösser, Burgen, Strände, Hafenstädte, Fjorde und Museen zu entdecken.

Fejø – Entschleunigung im Apfelgarten

Wer wirklich abschalten möchte vom Alltag und ein bisschen heile Welt mit Ruhe, frischer Luft und dem wunderbaren Licht an der Ostsee genießen will, kommt nach Fejø. Aber Vorsicht, die kleine Insel nördlich von Lolland macht süchtig! Kaum ein Gast reist nur einmal nach Fejø, die meisten kommen immer wieder.

Insel der Ruhe und Entschleunigung

Mehr auf Seite 136

Im Småland-Fahrwasser, der Bucht zwischen ♥ Südseeland und Lolland, schlummern drei kleine Inseln: Fejø, Femø und Askø. Alle drei sind ganzjährig bewohnt, die größte der drei Inseln mit 16 km² und knapp 500 Einwohnern ist **Fejø**. Hier ist spürbar vieles anders: Es gibt kaum Verkehrsschilder, keine Werbung, wenige Zäune, aber dafür viele Obstbäume, einsam gelegene Ferienhäuser und freundliche Insulaner, die nach alter Tradition jeden Ankömmling grüßen. Wer zurück grüßt, trägt dazu bei, dass diese liebenswerte Gewohnheit weiterlebt.

Zwei Dörfer in Ost und West: Østerby und Vesterby

Auf einer Insel führen bekanntlich alle Straßen irgendwann zum Meer, so auch auf Fejø. Die Hauptstraße verläuft von **Vesterby**, der Siedlung um den Fährhafen, bis nach **Østerby**, der zweiten Siedlung in der Mitte der Insel. Allerdings ist die Grenze nicht auszumachen – es gibt ja keine Schilder – und hübsche Häuser mit üppigen Gärten säumen den gesamten Weg. Hat man den kleinen ♥ Supermarkt der Insel erreicht, ist man auf jeden Fall in Østerby. Hier gibt es eigentlich alles, was man im Urlaub braucht: Lebensmittel, Haushaltswaren, Hundefutter, Backwaren, Briefmarken oder auch Medikamente. Deutsche Zeitungen oder einen Geldautomaten sucht man vergebens, der Supermarkt akzeptiert aber deutsche Karten. Mit ♥ Bargeld versorgt man sich auf Lolland.

Einkaufen im Inselmarkt

Geldautomat auf Lolland

Nur damit kann man in den kleinen Geschäften zahlen, die pfiffige Insulaner in ihren Wohnstuben öffnen: ♥ Trödelläden mit Büchern, Geschirr und Kleidung oder ♥ kleine Boutiquen mit bunten Shirts und Schnickschnack öffnen im Sommer ihre Türen. Ob die Läden auch im nächsten Jahr noch bestehen, weiß man nie so genau. Der alte ♥ Fejø Kro öffnet allen Vorhersagen zum Trotz immer wieder aufs Neue und die zweite Kneipe der Insel, das ♥ Kvasen in Østerby, ist allabendlich ein beliebter Treffpunkt der Insulaner zum Bier trinken, schnacken und Billard spielen.

fejoekro.dk

Die Sehenswürdigkeiten der Insel sind schnell besichtigt: der Jachthafen **Dybvig** mit der alten ♥ Bootswerft, die schon in der vierten Generation Holzboote fertigt, unter anderem für das Dänische Nationalmuseum, oder die vom Heimatverein renovierte ♥ alte Schmiede. Die ♥ Fejø Mølle, in der sonntags Kaffee und Kuchen serviert wird, vermietet auch Fahrräder, entweder am Fährhafen oder direkt an der Mühle. Schon vom Meer sieht man die weiße ♥ Seemannskirche, die einsam an der Ostküste steht und über den gepflegten Kirchhof wacht. Von der Picknickbank am Wasser kann man den Meerblick genießen.

Boote und Häfen

fejoemoelle.dk

Das eigentlich Besondere an Fejø ist die Weite, der Blick zum Horizont, die naturbelassene Küste, der Himmel, der sich ständig ändert, das besondere Licht und die Ruhe. Fejø ist eine friedliche Insel. Kriminalität gibt es nur in der Zeitung, darum sind auch die Türen immer offen. Die kleinen ♥ Marktstände vor den Häusern mit Obst und Gemüse aus den Gärten oder die Flohmarkttische

Lokale Spezialitäten

sammeln das Geld in Marmeladengläsern, die niemand unerlaubt mitnehmen würde. Und es ist der schönste Ort für einen ♥ Urlaub mit Hund – wenn er nicht gerade die Hühner oder Fasane durch die Felder und Gärten jagt. Aber direkt an der Ostsee gibt es keine Hühner und die Möwen sind schneller als jeder Hund!

Urlaub mit Hund

Sletteren, der Strand an der Ostküste

Der offizielle Badestrand **Sletteren** befindet sich am Ende des gleichnamigen Weges an der Ostküste, gegenüber der Nachbarinsel Femø. Je nach Wind und Wetterlage ist er mal mehr, mal weniger bewachsen oder mit Seegras bedeckt, aber es gibt auch sandige Abschnitte. Im Sommer wird hier ein ♥ Badesteg ins Meer gebaut. Auch vor dem Ferienhausgebiet am **Slettervig**, südlich vom Strand, ragt ein kleiner Steg ins Meer. Hier gibt es keinen Sand, aber eine große, immer frische gemähte Spiel- und Liegewiese mit Aussicht auf die Inseln Lilleø und Askø.

Strandgut sammeln

Der Andemosevej führt ebenfalls an die Ostküste. Wenn der Strand nicht gerade von Seegras bedeckt ist, findet man hier die sogenannten ♥ Hühnergötter: Feuersteine mit einem natürlichen Loch, die früher als Schutz vor bösen Geistern an die Häuser gehängt wurden. Hunde, die das Wasser lieben, können hier ungestört schwimmen. Den feinsten Sand und flaches Badewasser hat die Bucht am Ende des **Brigetvejs** an der Nordküste. Auch hier kann viel Seegras liegen, aber darunter und im Wasser gibt es kaum Steine.

Wandern und Radfahren in der schönen Natur

Naturerlebnissse

Im Nordwesten liegt die noch kleinere ♥ Insel Skalø, die über einen Damm mit Fejø verbunden ist. Auf Skalø gibt es einen privaten Hafen mit vielen Sitzplätzen, freundliche Gäste sind herzlich willkommen! Die Vogelwelt ist einen ♥ Rundgang direkt am Meer entlang wert – Hunde hier an die Leine nehmen, um die Natur nicht zu stören.

Ein wild-romantischer Spaziergang führt durch die verlassene Schonung am **Storemosevej**, dort wo der Weg nach Norden zur Kirche abknickt. In diese ehemaligen Tannenbaum- und Apfelplantagen verläuft sich kaum jemand, obwohl es hier einen offiziellen ♥ Naturcampingplatz gibt (bei Interesse muss man sich bei einem Bauern anmelden, die Telefonnummer steht auf einem Schild). Im Herbst reifen noch einige Äpfel anden Bäumen, die so zuckersüß sind wie kaum eine andere Frucht. Ein traumhaftes Fleckchen!

Naturerlebnisse

Wer genug Zeit und trockenes Wetter hat, sollte Fejø unbedingt ♥ mit dem Rad erkunden. Das macht erstens viel mehr Spaß und zweitens kann man schneller an den kleinen Straßenständen bremsen, um die Auswahl an Flohmarktartikeln, Obst, Gemüse, hausgemachtem Apfelsaft oder Marmelade zu begutachten. Dafür immer etwas Kleingeld mitnehmen!

Wandern und Radfahren

Zu den beeindruckendsten Erlebnissen auf der Insel zählt der ♥ Sternenhimmel. Da es auf Fejø keine „Lichtverschmutzung“ gibt, sind hier die einzelnen Sternbilder und sogar die Milchstraße gut zu erkennen. Eine ♥ Nachtwanderung oder auch ein Hundespaziergang unter Sternen, begleitet vom sanften Rauschen des Windes und der Ostsee, bleibt in Erinnerung, ebenso wie die farbenprächtigen Sonnenauf- und -untergänge am unverbauten Horizont!

Naturerlebnissse

In den Bäumen und Sträuchern lebt eine vielfältige Vogelwelt und eine große ♥ Kolonie von Schwänen bewohnt die Buchten. Mäusebussarde schweben

lautlos über die Felder und halten nach Beute Ausschau. In der Abenddämmerung schreien heisere Fasanenmännchen und schlagen mit den Flügeln. Überall laufen Hasen, sogar im Garten. Wer Glück hat, kann in den Morgenstunden oder am frühen Abend sogar einer Hirschkuh begegnen. Vorsicht auf der Hauptstraße in den dunklen Monaten!

Naturerlebnisse

Die Vegetation auf Fejø ist zwar durch die intensive Landwirtschaft geprägt, aber auf den Strandwiesen wachsen interessante Pflanzen und an mehreren Stellen, z.B. auf Skalø, Skovnakken und Avernakken, kann man einsame ♥ Riet- und Lagunenbiotope entdecken.

Äpfel und andere Köstlichkeiten

Fejøs Landwirtschaft besteht zum großen Teil aus Obstplantagen, vor allem viele verschiedene Apfelsorten werden hier angebaut. Im Herbst bekommt man an den kleinen Straßenständen überall frische Äpfel, aber auch Birnen und zuvor im Spätsommer Pflaumen, manchmal sogar Feigen.

Mehrere Bauern produzieren auf ihrem Hof ♥ Apfelsaft und Cider, den man direkt an der Straße kaufen kann. Er ist so lecker, dass er in Feinkost-Lokalen in ganz Dänemark serviert wird. Ein lokaler Wettbewerb auf Fejø kürt jedes Jahr den besten Most. Auf dem alljährlichen ♥ Apfeltag Æblets Dag am Hafen Dybvig sind dann alle Teilnehmer mit einem eigenen Stand vertreten. Das Fest findet immer am dritten Samstag im Oktober statt und wird mit der feierlichen Enthüllung eines großen Apfelmosaikes eröffnet.

➶ fejoecider.dk

Lokale Spezialitäten

Im ♥ Hofladen Spælsau am Slettervej gibt es Wolle von eigenen Schafen sowie schöne Capes und handgestrickt Pullover. Auch auf dem Apfelfest ist der Hofladen mit einem stimmungsvollen Marktstand vertreten.

➶ spelsau.dk

Gut zu wissen

Vom frühen Morgen bis Mitternacht setzt die **Fähre M/F Christine** ungefähr stündlich von Kragenæs nach Fejø über. Die Überfahrt dauert 15 Minuten. Wenn die Fähre voll sein sollte, setzt man sich in die kleine Grillbar direkt am Fähranleger und genießt die herrliche Aussicht über die Ostsee nach Fejø. Schon ist die nächste Fähre da.

FEJØ TIPPS

- Lokale Spezialitäten
- Naturerlebnisse
- Urlaub mit Hund
- Wandern & Radfahren

QR-Code scannen und weiterstöbern! Den kompletten Artikel zum Ort mit Strandfotos, interessanten Ausflugszielen und vielen Ferienhäusern gibt es hier.

Lage

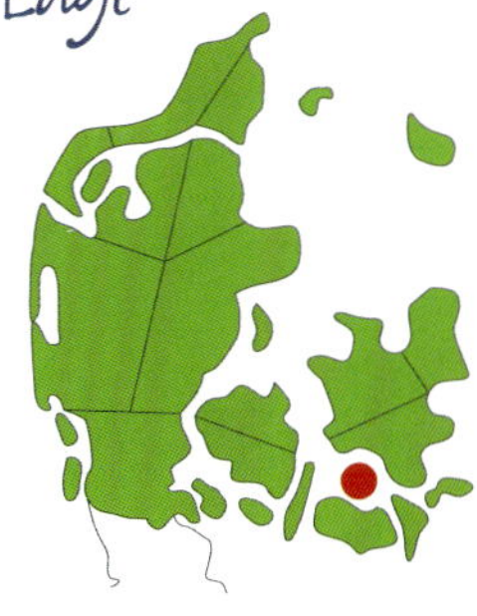

Kloster
Gisselfeld

Südseeland – Grüne Buchten am Meer

Südseelands Küste ist sehr verschlungen. Kleine Fjorde und vorgelagerte Halbinseln formen das Ufer, dazwischen liegen Wälder und Seen, weitläufige Wiesen und Felder. Næstved mit der gewaltigen Peterskirche ist die größte Stadt der Region, doch auch das kleine Vordingborg mit Dänemarks Burgcenter und die schönen Herrenhäuser an der Westküste sind sehenswert.

Ferienhäuser und Badebuchten

Zwei große Buchten prägen die Küste vor Südseeland: die **Faxe Bucht** im Osten, zwischen der Halbinsel Stevns und Møn, und das **Smålandsfarvandet** zwischen den Inseln Lolland, Langeland und dem Westen von Südseeland, in dem die Insel Fejø liegt. Die Bucht gehört zum **Großen Belt** und wird wegen seiner geschützten Lage und des milden Klimas auch ♥ Dänische Südsee genannt.

Wandern und Radfahren

Ruhe und herrliche Wege durch die Natur prägen die Ostküste rund um den ♥ Præstø Fjord**.** Der Fjord hat seinen Namen vom kleinen Städtchen **Præstø**. Die fotogenen Fischerhäuser stehen verschlafen in der Sonne, dazwischen verlaufen

Café mit Aussicht

rumpelige Kopfsteinpflastergassen. Bis in den Frühsommer ist hier eigentlich nichts los. Einzig am Jachthafen ist ein bisschen Leben. Das ♥ Café Mocca serviert beim ersten Sonnenstrahl auf der windgeschützten Terrasse und auch von innen ist der Hafenblick wunderschön. Hinter dem Hafen steht auf einer grünen Anhöhe das altehrwürdige ♥ Hotel Frederiksminde. Das Restaurant serviert gehobene Küche, aber man kann auf der Terrasse auch bei Kaffee und Kuchen die Lage genießen. Der Weg zum Hotel führt unterhalb der ♥ kleinen Badehütten entlang, die hier an den Hang gebaut wurden. Man könnte neidisch werden, denn der Blick von oben ist bestimmt genauso schön wie der Anblick der farbenfrohen Hütten von unten.

Das viele Grün, die Ruhe über dem Fjord und der schön angelegte Sandstrand am Hafen sind ein Geheimtipp für alle, die es nicht so überlaufen und dennoch idyllisch mögen. Ferienhäuser in Præstø gibt es sowohl am Ortsrand als auch in den benachbarten Siedlungen **Bønsvig** und **Bøged**. Auch im Norden des Præstø Fjordes stehen Ferienhäuser in **Mosebølle**, nahe einem sehr guten Restaurant im ♥ Hotel Fjordkroen. Auch wenn man im Fjord baden kann, ist er nicht das perfekte Ziel für einen Badeurlaub. Doch umso schöner ist es hier, wenn man die sanft hügelige Landschaft rund um den Fjord mit dem Rad erkundet!

Von Bønsvig bis nach **Kalvehave** verläuft ein schmaler, etwas sandiger Naturstrand an der offenen Ostsee, auf dem man spazieren oder von den Bootsstegen ins Wasser tauchen kann. Die ♥ Halbinsel Feddet, die den Fjord zur Ostsee hin begrenzt, hat den besten Badestrand.

Mehr auf Seite 144

Gut zu wissen

Die **Königin-Alexandrine-Brücke**, die Kalvehave mit der Insel Møn verbindet, wurde während des Zweiten Weltkriegs gebaut. Sie gilt zu Recht als eine der schönsten Brücken Dänemarks und ist auf der 500 Kronen-Banknote verewigt.

Der südlichste Ferienort auf Seeland ist **Bakkebølle**. Die Siedlung liegt westlich der Autobahnbrücke, von der Straße perfekt getrennt durch ein Wäldchen. Bakkebølle hat keinen Strand, aber einen grünen Hang am Wasser und einen Badesteg. Der nächste Strand ist in **Ore** bei Vordingborg, wo es auch Ferienhäuser gibt. Absolute Ruhe und Abgeschiedenheit findet man weiter östlich auf der

Naturerlebnisse

schmalen Landzunge ♥ Knudshoved Odde. Knudshoved ist fast unbewohnt, am Wochenende wird der hintere Teil sogar für den Autoverkehr gesperrt. Wald, Wiesen und weite Felder wechseln sich ab. Im Süden gibt es einen langen, schmalen Sandstrand, im Norden liegt der friedliche Avnø Fjord, wo man die Ferienhäuser von **Næs** und **Svinø** am gegenüberliegenden Ufer sieht. Der Avnø Fjord hat keinen Strand.

Einen familienfreundlichen, lebendigen und immer gut besuchten Sandstrand macht die kleine Insel **Enø** zu einem beliebten Urlaubsziel. Die Insel ist durch eine besonders ausgefallene ♥ Klappbrücke mit **Karrebæksminde**

Familienurlaub

verbunden. Auf der ♥ Ferieninsel findet man alles, was man im Sommer braucht: einen tollen Strand, viele Restaurants, ein paar touristische Geschäfte und natürlich jede Menge Ferienunterkünfte. Im Sommer sorgt ein üppiger Veranstaltungskalender für Unterhaltung. Der Kanal, der den Karrebæk Fjord mit der Ostsee verbindet, ist mit seinen Booten und einem Fischimbiss am Wasser ein malerisches Plätzchen. Auch am Hafen hinter der Klappbrücke kann man im Sommer auf verschiedenen Restaurantterrassen speisen.

Weil der Strand nicht ganz so fein und weiß ist, gehört **Bisserup Strand** zu den weniger bekannten Urlaubsorten. Das Meer ist aber flach und kinderfreundlich und der Campingplatz verkauft im Sommer Brötchen und Eis.

Inseln der Ruhe und der Gartenkunst

Der Blick auf die sanft plätschernden Wasserflächen, die dümpelnden Boote und die Vogelwelt auf den vorgelagerten Inseln und Halbinseln lassen die Seele

Wandern und Radfahren

zur Ruhe kommen. Der sogenannte ♥ Fodsporet ist ein Wanderweg von **Næstved** nach **Slagelse** und **Skælskør**, auf dem man die Landschaft und die Natur unmittelbar erlebt. Auch um die naturgeschützte und unbebaute Halbinsel **Avnø** führt ein ausgeschilderter Wanderweg.

Nach **Glænø** vor der Küste von Bisserup Strand gelangt man über einen Damm. Die interessant geformte Insel steht unter Naturschutz. Einige Bauernhöfe bewirtschaften hier ihre Felder, wodurch die Landschaft noch reizvoller ist. An der Südküste verläuft ein schmaler Naturstrand. Der Dichter ♥ Hans Christian Andersen hat über Glænø eine Geschichte geschrieben, denn er wohnte regelmäßig im benachbarten ♥ Schloss Holsteinborg. Dieses idyllisch gelegene Backsteinschloss wird noch heute von der Familie Holstein bewohnt und bewirtschaftet. Der Park und die Kirche dürfen besichtigt werden, durch das Haupthaus werden Führungen angeboten. Die Hausherrin von Holsteinborg stellte übrigens im Jahr 1808 den ♥ ersten, geschmückten Weihnachtsbaum in Dänemark auf!

Dänischer Märchendichter

Den größten Teil des Karrebæk Fjords nimmt die Insel **Gavnø** mit dem gleichnamigen ♥ Schloss Gavnø ein. Der Schlosspark gilt als einer der ♥ schönsten Blumengärten Dänemarks. Im Frühjahr blühen hier unzählige Tulpen. Der Rosengarten mit einem Labyrinth und der duftende Kräutergarten lassen die Herzen von Gartenliebhabern höher schlagen. Im Dezember öffnet ein prächtiger Weihnachtsmarkt seine Tore. Die Schlossanlage ist

Familienurlaub

eine Art Freizeitpark mit einem großen ♥ Spielplatz, einem ♥ Schmetterlingshaus, Geocaching, ♥ Streichelzoo und natürlich romantischen Picknickplätzen. In dem Rokoko-Schloss selber sind die große ♥ Gemäldesammlung und eine Ausstellung mit Porzellan von Royal Copenhagen zu besichtigen. Neben dem Schloss wird Bier gebraut, die Zutaten stammen von den eigenen Ländereien auf der Insel.

Im Karrebæk Fjord, an dessen Ufer auch die Stadt **Næstved** liegt, gibt es noch drei weitere, unbewohnte Inseln, die als Vogelschutzgebiete ausgewiesen sind.

Boote und Häfen

Der Fjord lässt sich am schönsten vom Wasser aus erleben. Mit der ♥ M/S Friheden kann eine Bootstour ab Karrebæksminde oder ab Næstved zum Schloss Gavnø gebucht werden. Wer lieber selber paddelt, mietet im Touristenbüro oder im Blå Fag Center in Karrebæksminde ein Kanu oder ein Kajak.

gisselfeld-kloster.dk

Das ♥ Kloster Gisselfeld, ein Landgut aus dem 16. Jahrhundert, steht südlich von **Haslev** zwischen weiten Wiesen und Wäldern in der Mitte von Südseeland. Das Kloster bewirtschaftet noch heute seine großen Ländereien, veranstaltet Jagden und verwaltet die Angelrechte für den See **Torup Sø**. Gegen eine kleine Gebühr öffnet sich das Tor zum Klostergarten, einer Oase der Ruhe mit Sitzplätzen und lauschigen Seen.

In der imposanten Orangerie des Klosters, dem sogenannten ♥ Paradehuset, gibt es einen beeindruckenden Blumenladen: Eine Mischung aus romantischem Gewächshaus und dänischer Gartenkunst! Auch das gemütliche ♥ Schlosscafé sei erwähnt, von hier kann man bei jedem Wetter in den Park schauen. Im Herbst

Kulinarischer Markt

veranstaltet ♥ Bondens Marked auf dem Klostergelände einen kulinarischen Bauernmarkt.

Der benachbarte Wald ♥ Hesede Skov mit dem Flüsschen **Suså** ist ein beliebtes Naherholungsgebiet. Mitten im Wald steht das Ausflugslokal ♥ Villa Gallina. Von der Terrasse blickt man über einen kleinen See, ringsumher rauschen die Bäume. Eine köstliche, hausgemachte Limonade und der leckere Kuchen locken bei Sonnenschein viele Besucher in den Wald.

villa-gallina.dk

Am Südrand des Waldes kann man sich in Dänemarks größtem ♥ Kletterpark durch die Lüfte schwingen. Zehn verschiedene Klettertouren führen durch die Wipfel. Spektakulär ist das neueste Bauwerk: Ein 45 Meter hoher Aussichtsturm, Seelands höchster Ausblick, schraubt sich über eine 600 Meter langen Rampe in den Himmel.

campadventure.dk

Mein Tipp

Auf einem ehemaligen Sportflugplatz liegt das **Avnø Naturcenter**. Vom Tower aus kann man die Weite der flachen Marschlandschaft, die Sterne oder per Teleskop die Seehunde auf ihren Lagerplätzen im Meer beobachten. Unten im Gebäude gibt es eine kleine Ausstellung, sanitäre Anlagen und Picknickplätze zur freien Nutzung.

Schlösser, Burgen und Kultur

An Herrenhäusern, Schlössern, üppigen Parks und Gärten mit Seeblick ist Seeland besonders reich. Ausgeschilderte Rundwege und gastronomische Angebote laden ein, die alten Gebäude zu besuchen.

Geschichte

Die ♥ Sorø Akademi, eine der ältesten Schulen Dänemarks, wird noch heute als Internat geführt. Das ehemalige Zisterzienserkloster, in dem die Schule 1586 gegründet wurde, ist leider abgebrannt, aber die große Klosterkirche und einige Nebengebäude stammen noch aus dem Mittelalter. Der weitläufige Park, die Bibliothek und die Kirche sind frei zugänglich. Das Zentrum von **Sorø** mit einem gemütlichen Marktplatz schließt direkt an das Akademiegelände an. Auf dem **Sorø Sø** fährt im Sommer der ♥ Ausflugsdampfer Lille Claus. Sehenswert ist auch die ♥ Rundkirche Bjernede etwas nördlich von Sorø.

Eine private Sammlung mit Werken des dänischen Bildhauers Beret Thorvaldsen kann man in einer Außenstelle des ♥ Thorvaldsen-Museums im Rittergut **Nysø** bei Præstø sehen. Thorvaldsen lebte und arbeitete in Rom, hier in Südseeland hat er seine letzten Jahre verbracht.

thorvaldsensmuseum.dk

In **Vordingborg**, der südlichsten Stadt auf Seeland, steht ein ein modernes Museum: das ♥ Dänische Burgzentrum. Die Ausstellung ist in einem unterirdischen Neubau versteckt, der durch seine schlichte Architektur an ein mittelalterliches Burggewölbe erinnert. Die Exponate versetzen den Betrachter mit spannenden

danmarksborgcenter.dk

Geschichten vom iPad in längst vergangene Jahrhunderte. Moderne Präsentationstechniken und jahrhundertealte Exponate passen hier erstaunlich gut zusammen.

Von der ehemaligen Vordingborg, die König Valdemar IV im 14. Jahrhundert bauen ließ, steht heute nur noch der (Geschichte) ♥ Gänseturm, ein mächtiger Verteidigungsturm mit einer goldenen Gans auf dem Dach. Der Sage nach wollte Valdemar damit die Stadt Lübeck verspotten, mit deren gewaltigen Reparationszahlungen er die Burg bezahlt haben soll. Für Kinder sind im Park (Familienurlaub) verschiedene, kostenlose ♥ Ritterspiele aufgebaut. Nach dem mittelalterlichen Abenteuer kann man in Vordingborg schöne Häuser anschauen oder ein Eis essen. Im Sommer finden hier alljährlich verschiedene Märkte sowie Musik- und Theaterfestivals statt.

In der Køge Bucht findet man nahe **Greve** eine Festung aus neuerer Zeit. (Geschichte) Das ♥ Mosede Fort ist eine Befestigungsanlage, die für den Ersten Weltkrieg gebaut wurde. Das Fort sollte eine feindliche Landung in der Køge Bucht verhindern, später wurde es als Manöverplatz genutzt. Heute ist es ein Museum über die Stellung Dänemarks während des ersten, weltweiten Krieges. Die Ausstellung und auch die Lage direkt am Meer sind sehr eindrucksvoll. Vor dem Fort erstreckt sich heute ein gut besuchter Badestrand.

(Kunst und Geschichte) Mitten im Zentrum der Stadt **Køge** steht ein ungewöhnliches Museum: ♥ KØS, Kunst im öffentlichen Raum. Man nimmt sie manchmal gar nicht mehr wahr, die vielen Skulpturen und Installationen, die im öffentlichen Raum, also auf Straßen und Plätzen, fest verankert stehen. Das KØS zeigt die Entstehungsgeschichten dieser Kunstwerke und informiert über die Ideen, die dahinter stehen. Selbst die Geschichten so berühmter Werke wie der Kleinen Meerjungfrau oder der ♥ kostbaren Gobelins, die die dänische Königin Margrethe II im Laufe ihrer Amtszeit in Auftrag gegeben hat, kann man verfolgen. Wechselnde Sonderausstellungen widmen sich aktuellen Themen oder internationalen, modernen Künstlern. Die fertigen Gobelins der Königin hängen übrigens im Rittersaal von Schloss Christiansborg in ♥ Kopenhagen. (Mehr in Band 3)

Næstved, das Zentrum von Südseeland

Die mittelalterlich geprägte Stadt **Næstved** ist die größte Stadt in Südseeland und bietet eine Fülle von Erlebnissen für jeden Geschmack. Auch wer weder Kunst noch Kultur sucht, wird hier fündig! Zunächst einmal gibt es eine große Auswahl an schönen Geschäften und zwei überdachte Einkaufszentren: das ♥ Parkens Butikcenter und das noch größere ♥ Næstved Storcenter mit vielen Aktionen für die ganze Familie. Tierischer zu geht's im ♥ Næstved Zoo und im ♥ Næstved Legeland können sich dann die Kleinen auch bei Regenwetter mal richtig austoben.

Das ♥ Bonbonland in Holmegaard ist ein richtiger Freizeitpark mit allem, was dazu gehört: Fahrgeschäften, Wasserrutschen und einer großen Indoorhalle, verschiedenen Restaurants und natürlich Picknickplätzen. Familienurlaub

Holmegaard ist sicher jedem langjährigen Dänemark-Urlauber als Glasproduzent ein Begriff. Die Glashütte am Ort ist leider geschlossen, aber im ♥ Næstved Museum hinter der Peterskirche sind erlesene Kunstwerke aus der Werkstatt ♥ Holmegaard ausgestellt, ebenso wie besondere Stücke aus der Keramikwerkstatt von ♥ Kähler. Das Museum ist in zwei historischen Gebäuden untergebracht. Glas und Keramik stehen im preisgekrönt renovierten ♥ Boderne, einem Mietshaus aus dem 15. Jahrhundert. Die sehr sehenswerte Hauptausstellung mit Kunst- und Alltagsgegenständen aus den letzten 1.000 Jahren wird im ♥ Helligåndshuset gezeigt, das einst ein Kranken- und Pflegeheim für Arme war. Der kleine Fußweg von einer Ausstellung zur anderen führt durch die schönen Gassen von Næstved. Die Stadt bekam schon im Jahr 1135 die Stadtrechte und ist bis heute eine wohlhabende und lebendige Metropole der Region. Geschichte

In der gotischen ♥ Peterskirche gibt es ein Wandgemälde mit König Valdemar, dem Erbauer der Vordingborg. Moderne Malerei und klassische Konzerte bietet das Kunst- und ♥ Kulturzentrum Rønnebæksholm. Wer durch die Gassen von Næstved schlendert, wird noch viele kleine und große Kunstwerke, vorbildlich restaurierte Gebäude und fotogene Motive entdecken. Geschichte

SÜDSEELAND **TIPPS**

- Wandern & Radfahren
- Naturerlebnisse
- Familienurlaub
- Geschichte

QR-Code scannen und weiterstöbern! Den kompletten Artikel zum Ort mit Strandfotos, interessanten Ausflugszielen und vielen Ferienhäusern gibt es hier.

Rødvig – Ferienhäuser, Faxe und Fossilien

Die Halbinsel Stevns ist ein Geheimtipp für Dänemarkurlauber. Kreidefelsen erheben sich bis zu 40 Meter über das Meer, darunter schimmert das Wasser türkis-blau. In der Steilküste verbirgt sich das Stevnsfort, ein unterirdischer Horchposten aus der Zeit des Kalten Krieges. Faxe liegt südlich von Stevns und ist durch das gleichnamige Bier in vieler Munde, hat aber noch eine ganz andere Besonderheit zu bieten.

Ferienhäuser in Rødvig und Umgebung

Stevns, eine Region zwischen der Faxe Bucht und der Køge Bucht auf Südseeland, ist bei deutschen Ferienhausurlaubern eher unbekannt. Eine spannende, bis zu 40 m hohe Steilküste, die schönen alten Kirchen, das ♥ Schloss Vallø oder das Gut Gjorslev sind hübsche Ausflugsziele. Von **Rødvig** fährt man mit der Bahn in nur 90 Minuten bequem nach Kopenhagen. Der Zug fährt stündlich und spart die lästige Parkplatzsuche in der dänischen Hauptstadt, man muss nur einmal in **Køge** umsteigen.

Die Ferienhäuser sind von grünen Gärten umgeben, am Meer laden ♥ große Spiel- und Liegewiesen zum Toben und Sonnenbaden ein. Zum steinigen Strand führt eine Treppe hinab. Über mehrere Stege vor dem Ferienhausgebiet kann man trotz Kieselsteinen gut schwimmen gehen. Am Hafen hat Rødvig auch ein kleines Stück ♥ Sandstrand, sehr kinderfreundlich und windgeschützt. Weitere Sandstrände findet man im Süden Richtung **Faxe Ladeplads**. Familienurlaub

Der Supermarkt in Rødvig hat ganzjährig geöffnet. Am Hafen bekommt man frischen Fisch, küchenfertig oder auf dem Teller serviert. Auch ein Café und das Restaurants ♥ Aqua Marina bieten Sitzplätze mit Blick auf die Segeljachten. Nahe der Ferienhaussiedlung öffnet im Sommer ein Kiosk am Campingplatz.

Touristeninformation gibt es am Hafen in einem kleinen, roten Blockhaus. Hier bekommt man viele Ausflugstipps zur Umgebung oder für eine Fahrt nach Kopenhagen. In der kleinen ♥ Hafengalerie stellen im Sommer fünf Kunsthandwerker ihr Schätze aus. Kunst und Handwerk

Im Norden von Stevns liegen **Strøby Egede** und **Strøby Ladeplads**. Hier an der Køgebucht gibt es einen flachen Naturstrand und viel Wald. Der Blick über die Bucht reicht bis nach Kopenhagen, bei klarer Sicht sogar bis zur Øresundbrücke nach Schweden. Der schmale, lange Strand grenzt an einen Buchenwald, der sich wunderbar für einen ausgiebigen ♥ Hundespaziergang oder zum Joggen eignet. Für einen Badeurlaub ist Strøby Strand wegen der vielen Steine nicht die beste Wahl. Urlaub mit Hund

Ferienhäuser und Strände rund um Faxe Ladeplads

Im Süden von Stevns liegt die Faxe Bucht zwischen dem idyllischen Præstø Fjord und der Steilküste von Rødvig. In **Faxe Ladeplads**, etwa acht Kilometer von Faxe entfernt, liegt das Ferienhausgebiet. Am Hafen sticht sofort das große Kalkwerk ins Auge, das den Abbruch aus den ♥ Faxe Kalkgruben verarbeitet und verschifft. Etwas abseits davon liegt der kleine Jachthafen mit einem Restaurant. Zwei Supermärkte, Banken, einige Boutiquen und mehrere, wirklich schöne Strände in der näheren Umgebung machen Faxe Ladeplads als Ausgangspunkt für Ausflüge absolut empfehlenswert. Familienurlaub

Urlaub mit Hund

Naturerlebnisse

Kein Ferienhaus steht weiter als 1.000 Meter vom Meer entfernt und selbst in der Hochsaison sind die Mieten für seeländische Verhältnisse recht günstig. Der ♥ Strand am Øster Søvej ist die beste Badestelle in Faxe Ladeplads. Das Wasser ist flach und prima für Kinder geeignet, der Sand fein und weiß und hohe Bäume spenden Schatten. Am Parkplatz stehen Toiletten, in der Nähe öffnet ein Imbiss am Campingplatz. Westlich vom Jachthafen gibt es einen weiteren Strandabschnitt an der ♥ Faxe Naturområde, der sich aber mehr zum Spazierengehen als zum Baden eignet.

Wandern und Radfahren

feddetcamping.dk

Den besten Strand Südseelands bietet die ♥ Halbinsel Feddet. Sandig, sehr breit und ziemlich lang, mit fast südländischem Flair durch den lichten Nadelwald, wartet er auf Badegäste. Die langgezogene Halbinsel, die den Præstø Fjord von der Ostsee trennt, ist ein ♥ unberührtes Naturgebiet mit zwei Campingplätzen. Ferienhäuser sucht man leider vergeblich. Am Feddet Campingplatz stehen die sehr guten Einrichtungen auch Tagesgästen zur Verfügung: ein ♥ Fahrradverleih, ein ♥ Restaurant und die tollen ♥ Spielgeräte sowie ein großer, gebührenpflichtiger Parkplatz direkt am Meer.

skovfogedstedet.dk

Folgt man der Küste hinter Feddet nach Osten, führt der Weg durch den weitläufigen ♥ Vemmetofte Skov. Es ist ein üppiger Laubwald mit verschiedenen Wanderwegen direkt am Meer. Am schönen Strand öffnet im Sommer ein ♥ Ausflugslokal. Den Strand teilt man sich nur mit den Gästen des nahegelegenen Campingplatzes.

Naturerlebnisse im Land des Elfenkönigs

Die Landschaft auf Stevns ist so schön und abwechslungsreich, dass ihre Bewohner dankbar sind, dort leben zu dürfen. Kein Wunder also, dass der Sage nach auch der Elfenkönig hier wohnt. Von seiner Heimat, dem Hügel Elverhøj, handelt die berühmteste dänische Oper ♥ Elverhøj.

Für lange Radtouren durch die grüne, wenig besiedelte Landschaft ist die Südostküste von Seeland ein gutes Urlaubsziel. Die Straßen haben zwar selten Radwege, aber auf den Nebenstrecken herrscht kaum Verkehr. Dabei spürt man den Hauch der Geschichte: In Stevns entstand wahrscheinlich ♥ Dänemarks erste Königsdynastie. Reiche Grabfunde zeugen von der Bedeutung dieser Gegend in der Bronze- und Eisenzeit. Geschichte

Einige Gebiete sind ausschließlich zu Fuß oder mit dem Rad zu erreichen, zum Beispiel der kleine Hafen und ein Vogelbeobachtungsturm auf Feddet oder der ♥ Grabhügel Troldhøj im Waldgebiet Dyrehaven.

Im Hinterland von Stevns fließt die ♥ Tryggevælde Å, ein großes Flusssystem mit 19 Zuflüssen, an dem seltene Tiere und Pflanzen zu Hause sind. Auch als Angelgewässer hat es einen guten Ruf. Kurz vor der Mündung in die Køge Bucht bei Strøby Egede erinnert der lauschige ♥ Solgårdsparken mit Grillplätzen und Spielgeräten an die neuere, ebenfalls prunkvolle Vergangenheit dieser Gegend. Der Gutshof Solgård wurde vor einigen Jahren abgerissen, aber der Park zwischen Ostsee und Tryggevælde Å ist immer noch einen Besuch wert. Naturerlebnisse

Im sanft hügeligen Buchenwald (Bøgeskov) bei Strøby Ladeplads sind viele Wanderwege ausgeschildert. In **Bøgeskov Havn**, einem kleinen Jachthafen am östlichen Ende des Waldes, kann man im ♥ Ausflugslokal Gjorslev Bøgeskov einkehren, allerdings hat dieser Biergarten nur im Sommer geöffnet. Hier endet auch der 20 Kilometer lange ♥ Küstenweg am ♥ Stevns Klint, der in Rødvig beginnt. Der schmale Pfad führt direkt oberhalb der wild-romantischen Küste entlang und bietet eine tolle Aussicht über das Meer. Am ♥ Stevns Fyr, dem Leuchtturm von Stevns Klint, ist die Steilküste 40 Meter hoch, der Turm, den man auch besichtigen kann, misst noch einmal 27 Meter. Wandern und Radfahren

Eine tragische Sehenswürdigkeit am Wanderweg ist die ♥ alte Kirche von Højerup, deren Chorraum 1928 von der Steilküste ins Meer stürzte. Man erreicht die Kirche und das benachbarte ♥ Restaurant Højeruplund auch mit dem Auto. Wo einst der Chorraum der Kirche stand, ist heute eine

befestigte Aussichtsterrasse. Eine steile Treppe führt hinab zum Wasser, vorbei an den Sedimentschichten der Abbruchkante. Inmitten der weißen Kreideschicht erkennt man eine schwarze Lehmschicht, die Spuren der größten Katastrophe unserer Erde beinhaltet: das große Massensterben vor 65 Millionen Jahren, dem u. a. die Dinosaurier zum Opfer fielen. Darum gehören die Klippen auch zum ♥ Østsjællands Museum und sind Teil des ♥ UNESCO Weltkulturerbes. An verschiedenen Stellen gibt es einen Zugang zum Pfad, so dass man ihn auch nur abschnittsweise begehen kann. Im Sommer werden geführte Wanderungen angeboten.

Geschichte

Naturerlebnisse

Der stillgelegte ♥ Steinbruch in Holtug liegt ebenfalls direkt am Küstenweg. Hier darf man auf eigene Faust nach Fossilien und alten Steinen suchen. Noch mehr Fossilien gibt es in Faxe. Der ♥ Faxe Kalkbruch ist ein riesiges, teilweise mit Wasser gefülltes Loch – die größte von Menschen geschaffene Grube in Dänemark. Vor vielen Millionen Jahren gab es hier einmal ein Korallenriff auf dem Meeresgrund. Im Faxekalk, der aus den Korallen entstand, sind jede Menge Fossilien verborgen. Der Kalkbruch kann auf eigene Faust oder auf begleiteten Touren, auch speziell für Kinder, erkundet werden. Das ♥ Faxe Museum bietet diese geführten Touren an.

Sportliche und kulinarische Abenteuer

Lokale Spezialitäten

Am ♥ Strandegård zwischen Faxe Ladeplads und Feddet werden geführte Ausritte entlang der Küste von Feddet angeboten. Im dazugehörigen ♥ Hofladen gibt es Bioprodukte sowie Obst und Gemüse aus eigenem Anbau.

Ein anderer Hofladen mit der sehr speziellen Kombination Knoblauch und Wein ist der ♥ Hof Hvidløg & Vin von Lotte und Peter im Vederskov, nördlich von Vemmetofte. Der Knoblauch ist selbst gezogen, der Wein kommt aus Frankreich. Und genau wie beim Wein gibt es auch beim Knoblauch zig verschiedene Sorten, Qualitätsstufen und Zubereitungsarten.

Die Hauptstadt der Gemeinde Stevns ist die Kleinstadt **Store Heddinge** mit liebevoll gepflegten, historischen Häusern. Zum Shoppen eignet sich ♥ Køge besser. Neben der Fußgängerzone erstreckt sich hier ein riesiger, mittelalterlicher Marktplatz. Bei schönem Wetter gibt es dort auch Livemusik.

Das gemütlichste Lokal der Halbinsel ist vielleicht der liebevoll renovierte ♥ Rødvig Kro. Er steht am Rødvig Bahnhof mit Blick auf die türkisfarbene Badebucht, die den Auftakt zur Steilküste bildet.

Faxe vom Fass und die Wikinger

Ob Rollo der Wikinger, wie er im Klamauk-Song der Band Torfrock heißt, oder Hägar der Schreckliche, wie er im gleichnamigen Comic genannt wird, tatsächlich identisch ist mit dem ♥ Wikinger Rollo, der die Normandie eroberte, wurde wohl nicht wissenschaftlich überprüft. Dass der besagte Rollo, der nach seinem Tod als normannischer Herzog in der Kathedrale von Rouen bestattet wurde, ein Däne war und aus Faxe kam, gilt aber als ziemlich sicher. In Rouen hat man ihm ein Denkmal gesetzt und in Faxe erinnert ein Gedenkstein am Rathaus an den ehemaligen Wikinger, der auch als Vorfahr von William the Conqueror in die Geschichte einging.

Geschichte

Ebenfalls Geschichte ist leider die ♥ Faxe Brauerei, in der das berühmte Bier und auch die immer noch sehr beliebte ♥ Limonade Nikoline gebraut wurden. Die Brauerei fusionierte 1989 mit einer jütländischen Brauerei und erhielt den neuen Namen Royal Unibrew, der auch das Firmengebäude ziert. Die Limonade wurde nach Nikoline Nielsen benannt, die mit ihrem Mann die Faxe Brauerei 1901 gegründet hatte. Das Wohnhaus der Familie, ♥ Nikolines Hus, steht noch heute vor der Brauerei in der Nørregade.

Mein Tipp

Das **Stevnsfort** ist eine unterirdische Verteidigungsanlage aus der Zeit des Kalten Krieges, die erst im Jahr 2000 stillgelegt wurde. Da die Halbinsel Stevns einer der östlichsten Punkte in Westeuropa ist, bot es sich an, von hier aus die Aktivitäten der Mächte im Osten Europas zu beobachten und zu belauschen. Im Sommerhalbjahr werden Führungen durch die Gänge angeboten. Aus 18 Metern Tiefe hat das Militär während des „Eisernen Vorhangs" zwischen dem Warschauer Pakt und der NATO die Ostsee überwacht.

RØDVIG

RØDVIG **TIPPS**

- Geschichte
- Naturerlebnisse
- Wandern & Radfahren
- Familienurlaub

QR-Code scannen und weiterstöbern! Den kompletten Artikel zum Ort mit Strandfotos, interessanten Ausflugszielen und vielen Ferienhäusern gibt es hier.

Lage

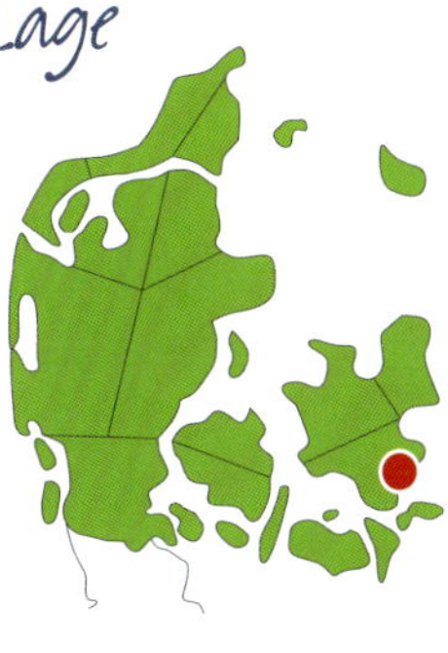

Westseeland – Eine Landschaft zum Verlieben

Westseeland mit seiner vielseitigen Landschaft bietet eine große Auswahl an Urlaubsorten. Alle Ferienhaussiedlungen liegen nah am Wasser – die einen an der Ostseeküste, die anderen an den drei Fjorden der Region. Die Insel Orø und die Stadt Roskilde sind zwei ganz unterschiedliche Ausflugsziele.

Odsherred – eine Landschaft mit GeoParc-Status

Der Norden von Westseeland heißt **Odsherred**, ein landschaftlich abwechslungsreiches Gebiet mit grünen Höhenzügen und weiten Buchten, zu dem auch die markante Landzunge Sjællands Odde gehört. Wegen seiner naturhistorischen Besonderheiten hat die Region den ♥ UNESCO Status GeoParc bekommen. Feine, weiße Sandstrände in ♥ Rørvig und an der ♥ Sejerø Bugt wechseln sich ab mit ebenso weißen Stein- und Kieselstränden auf **Rosnæs** oder in **Klint**. Ein deutscher Künstler hat bei Klint Havn die dicken Kiesel zu Türmen aufgeschichtet, was viele Gäste ihm nachmachten. Ein ungewöhnlicher Anblick tut sich dem Betrachter auf: Hunderte kleiner Türme, die nur durch die Schwerkraft halten, säumen den Strand. Vom Kalkhügel ♥ Klint Bakker hat man den weitesten Blick über die Küste und das grüne Hinterland. Vor den Ferienhäusern von Klint gibt es

Mehr ab Seite 156

Naturerlebnisse

südlich vom Strandzugang Øvej auch sandige Abschnitte, richtig feinsandig wird es erst in Höhe des Campingplatzes Odsherred Nord.

Die waldlose Halbinsel Røsnæs

Spektakuläre Aussicht und eine wunderschöne, fast waldlose Landschaft gibt es auf der Landzunge **Røsnæs** im Süden der Sejerø Bugt. Für einen ♥ Ausflug mit Kindern hat dieser ins Meer ragende Höhenzug viel zu bieten, obwohl es kaum Sandstrände gibt. Die Küste ist sauber und sehr steinig, mal mit dicken, weißen Kieseln, mal mit groben Brocken und etwas Sand dazwischen. Aber welches Kind sammelt nicht gerne tolle Steine oder lässt sie ins Wasser flippen!

Familienurlaub

Die Ferienhäuser stehen verteilt über die ganze Halbinsel, immer dicht am Meer. Mal steigt man eine Treppe hinab, mal läuft man einen schrägen Hang hinunter. Etwa die Hälfte aller Ferienhäuser auf Røsnæs bietet ♥ Meerblick, denn man ist ja auf einem Hügel.

Dass auf Røsnæs kein Wald steht, soll nach einer Legende von ♥ König Valdemar II veranlasst worden sein. Er hatte hier sein Jagdrevier. Auf einer der Jagden wurde sein Sohn von einem Pfeil tödlich getroffen. Der König ließ in seiner Trauer den dichten Waldbestand auf Røsnæs niederbrennen, damit kein Schatten mehr die Sicht versperrt. Heute ist die Landschaft von Pferdeweiden und Blumenwiesen geprägt, nur kleine Baumgruppen unterbrechen die Wiesenlandschaft. Von der Straße, die zum Leuchtturm am äußersten Zipfel führt, kann man immer wieder über die blaue Ostsee schauen – ein wunderbarer Ausblick in jede Richtung.

Geschichte

Am Leuchtturm ♥ Røsnæs Fyr erwartet den Urlauber ein sehr ♥ dekorativer Imbiss mit vielen Picknickplätzen und einer Feuerstelle. Zum Wasser gelangt man über eine stabile Holztreppe. Man geht etwa fünf Minuten vom großen Parkplatz bis zum Leuchtturm. Eine Ausstellung und mehrere Informationssteine am Weg berichten über die militärischen Anlagen, die hier im Zweiten Weltkrieg standen, allerdings nur auf Dänisch und Englisch. Auch vom Parkplatz führen zu beiden Seiten der Landspitze Treppen zum Meer hinab.

Schöner Picknickplatz

Familienurlaub

In der Mitte von Røsnæs steht die Røsnæs Naturschule. Ein toller Platz für die ganze Familie! Man darf im Hühnerstall direkt in die Nester schauen und puschelige Kaninchen und Ziegen möchten gestreichelt werden. Zwischen den Bäumen hinter dem Café hängen lange Kletterseile, an denen es hoch hinauf geht. Der Spielplatz ist auch außerhalb der Öffnungszeiten zugänglich. Bis zum Meer schmiegen sich grüne Wiesen an den Hang. Unten wartet ein breiter, weißer Kieselstrand mit glasklarem Wasser.

Das größte Weingut Dänemarks ist der Dyrehøj Vingaard, dessen Weinstöcke an der Südküste die besten Sonnenplätze belegen. Im Vergleich zu süddeutschen oder gar mediterranen Weingütern ist es nur ein kleiner Bauernhof, preisgekrönt wurden die hier produzierten Weine trotzdem. Einmal jährlich findet ein buntes Hoffest statt. Der kleine Hofladen hat ganzjährig geöffnet. Auch Führungen durch den Weinkeller und die Felder kann man das ganze Jahr über buchen. Nebenbei betreibt der Hof einen Fahrradverleih.

Wandern und Radfahren

Ulstrup heißt das einzige Dorf auf der Halbinsel. Beim Købmand gibt es das Nötigste für den Urlaubsalltag und in der Alten Schmiede bietet ein Antiquitätenhändler seine Schätze zum Verkauf. Einen kleinen Imbiss und eine hübsche, weiße Kirche hat das Dorf ebenfalls. Der Nybyvej führt zum Røsnæs Havn, hier gibt es auch ein bisschen Sandstrand.

Angeln

Rund um die Landzunge stehen Brandungsangler, die hier ein besonders schönes und hoffentlich ertragreiches Revier finden. Der nächstgelegene Sandstrand gehört zum Naturschutzgebiet Vesterlyng in der Nekselø Bugt. Vesterlyng ist das größte, zusammenhängende Heidegebiet von Seeland mit flachen Dünen und viel Natur. In der Heide stehen keine Ferienhäuser, aber von Røsnæs oder von der Ferienhaussiedlung **Kaldred** im Hinterland ist es mit dem Auto nur ein kurzer Weg.

Reersø – ein idyllisches Schmuckstück

Neben den großen Höhenzügen Røsnæs und Sjællands Odde fällt die kleine, fast runde Halbinsel **Reersø** auf der Landkarte kaum auf. Sie ist flach und von wogenden Wiesen und Feldern geprägt.

Geschichte

Das Fischerdorf Reersø besteht aus entzückenden, liebevoll gepflegten Reetdachhäusern. Für heutige Verhältnisse erscheinen sie winzig – das kleine Reersø Museum könnte selber in einem Museum stehen. Am Hafen bekommt

man leckeren Fisch in der ♥ Reersø Røgeri, der gemütliche ♥ Reersø Kro bietet hochwertige Küche in hyggeligem Ambiente und eine Eisdiele gibt es natürlich auch. Klein, aber fein und für Liebhaber malerischer Fischerdörfer ein perfektes Ziel! Am Nordufer, vor einer Bucht mit einem recht steinigen Sandstrand, stehen Ferienhäuser mit üppig grünen Grundstücken. Viele Bänke am Ufer laden ein, die schöne Aussicht zu genießen.

Lokale Spezialitäten

Ungewöhnlich sind die seltenen, ♥ schwanzlosen Katzen, die auf Reersø leben. Sie sind wohl durch ein Schiffsunglück hier gestrandet. Der fehlende Schwanz ist ein Gendefekt, der sich weitervererbt und bisher nur auf der Isle of Man bekannt war. Ein privates ♥ Amerikanisches Automobilmuseum mit blankpolierten Straßenkreuzern wird Technik- und Desingfans begeistern. Es öffnet von April bis September.

Südlich von Reersø in der Musholm Bucht findet man die Badeorte **Stillinge Strand**, **Kongsmark Strand**, **Næsby Strand** und **Frølunde**. Die schmalen Sandstrände reichen ziemlich dicht an die Uferstraße. Die Ferienregion ist bei dänischen Urlaubern beliebt, aber nicht unbedingt ein Naturparadies. Die ♥ Storebæltsbroen von Korsør nach Fünen liegt zum Greifen nah, praktisch für einen Ausflug auf die Nachbarinsel.

Ausflug nach Fünen

skipperkroen.dk

Am **Mullerup Havn** steht der imposante Skipperkro. Das Gebäude ist ein Nachbau, weil das Original einem Feuer zum Opfer fiel, aber das sieht man erst auf den zweiten Blick. Die Restaurantterrasse mit Meerblick ist ein beliebtes Ausflugsziel und der Strand davor ist lang und sandig.

In der Jammerland Bucht nördlich von Reersø ist die Natur zu Hause – hier stehen die Ferienhäuser von **Bjerge** zwischen Wald und Heide. Ein Wanderweg mit vielen Picknickbänken führt am Meer entlang, der flache Strand ist ein idealer Badeplatz mit Kindern. Mehr Infrastruktur gibt es hier nicht. Bei ungünstigen Windverhältnissen liegen auch mal Seegras und Tang am Ufer.

Kalundborg und Umgebung

Die Hafenstadt **Kalundborg** hat einen großen Jachthafen und viele Geschäfte zum Shoppen und Bummeln. Die eigentliche Attraktion aber ist die besondere

Geschichte

Altstadt von Kalundborg, die als Kulisse für einen historischen Film dienen könnte. Rund um die mittelalterliche Vor Frue Kirke mit ihren fünf Türmen stehen gepflegte Wohnhäuser, eine Galerie und ein Restaurant, alles ohne moderne Werbeschilder. Das älteste Steinwohnhaus Nordeuropas ist sogar noch im Urzustand erhalten – ohne Strom, Wasser und Heizung. Das rote Backsteingebäude aus dem 16. Jahrhundert wird daher nur zu besonderen Anlässen genutzt.

Familienurlaub

Weitere Ausflugsziele rund um Kalundborg sind der Natur- und Freizeitpark Birkegårdens Haver, der Hochseilgarten Go High am Schloss Kragerup oder das Kalundborg Museum.

Geschichte

Eine Trelleborg gibt es nicht nur in Schweden, sondern auch in Dänemark. Zwischen **Næsby** und **Slagelse** sind vor Jahren die kreisrunden Wallanlagen einer ehemaligen Wikingerfestung ausgegraben worden. Heute gibt es an der Burg ein Freilichtmuseum mit allerlei Aktivitäten zu jeder Jahreszeit. Besonders beliebt ist das Wikingerfestival im Juli, wenn „echte“ Wikinger hier in ihren Zelten leben und arbeiten, feiern und Gäste bewirten. Mehr zur Geschichte erfährt man in Roskilde im größten Wikingerschiffmuseum des Landes.

Mehr auf Seite 170

Holbæk liegt am Südufer des Isefjords. In dieser gemütlichen Hafenstadt treffen sich jeden Sommer historische Holzsegelschiffe. Wer Lust auf einen Segeltörn bekommt, kann den ♥ Zweimaster Hjalm ganzjährig für Touren rund um Dänemark chartern.

Segeltörn

Mein Tipp

Für eine **Rundreise in Westseeland** lohnt sich das Ticket „Rund um den Isefjord", mit dem man vier Fährverbindungen zwischen Rørvig, Hundested, Kulhuse und Orø je einmal nutzen kann. Die Tour führt auch am hübschen **Jagdschloss Jægerspris** vorbei. Die ältesten Bäume Dänemarks machen den Schlosspark zu einem besonderen Wanderziel. Eine beliebte Eisdiele öffnet im Sommer und am Wochenende, ebenso wie die kleine Touristeninformation.

WESTSEELAND **TIPPS**

- Familienurlaub
- Wandern & Radfahren
- Angeln
- Geschichte

QR-Code scannen und weiterstöbern! Den kompletten Artikel zum Ort mit Strandfotos, interessanten Ausflugszielen und vielen Ferienhäusern gibt es hier.

Lage

Rørvig – Hafenflair und weißer Sand

Rørvig ist ein kleines Hafenstädtchen an der Mündung des Isefjords. Der Fähranleger sorgt im Sommer für eine lebendige Atmosphäre. In den gemütlichen Lokalen rund um den Hafen herrscht dann Hochbetrieb. Der beeindruckend breite und feine Sandstrand an der Ostsee ist traumhaft schön. Wer gern wandert, hat viele Wege durch die Dünenlandschaft zur Auswahl.

Ferienhäuser am beliebtesten Strand von Seeland

Das kleine Fischerdorf **Rørvig** wäre vielleicht ein malerisches, aber unbeachtetes Nest am Isefjord geblieben, wenn es nicht zwei Anziehungspunkte vereinen würde: einen der beliebtesten Ostseestrände von Westseeland und den Fähranleger nach Nordseeland. Nicht umsonst heißt die Nordküste von Seeland auch „Riviera des Nordens". Dazu zählen vor allem die langen Sandstrände im Norden zwischen ♥ Liseleje und Hornbæk, doch in Rørvig ist es durch die abgeschiedene Lage, das besondere Licht und die gemütliche Atmosphäre im Hafen vielleicht noch ein bisschen schöner.

Mehr ab Seite 170

Die Ferienhäuser stehen westlich vom Ort an der **Nyrup Bucht**, denn hier ist der ♥ feine, lange Sandstrand. Er beginnt nördlich des Städtchens **Nykøbing Sjælland** und zieht sich über mehrere Kilometer nach Nordosten. Der breiteste Abschnitt gehört zu ♥ Rørvig Sandflugtsplantage, einem grünen Nadelwald, der im 19. Jahrhundert gegen das Sandtreiben gepflanzt wurde. Am Telegrafvej kann man direkt am Strand parken. Von den anderen Parkplätzen im Waldgebiet geht man noch ein kleines Stück zu Fuß. Der lichte Wald ist von breiten ♥ Fahrrad- und Wanderwegen durchzogen. Auch mit Kindern kann man sehr gut mit dem Rad vom Ferienhaus zum Strand radeln!

Familienurlaub

Wandern und Radfahren

Am Campingplatz ♥ Odsherred Nordstrand, der zu **Nykøbing** gehört, kann man ebenfalls direkt am Wasser parken. Dieser Strandabschnitt liegt noch vor dem Nadelwald, ist aber genauso schön und sandig. Es gibt Toiletten und einen Imbiss am Parkplatz, ein weiterer Imbiss öffnet im Sommer am Campingplatz. Das Meer ist flach und kinderfreundlich, der Sand fein und beinah steinlos, auch im Wasser. Die meisten Ferienhäuser der Region sind von üppigem Grün umgeben. Rehe laufen durchs Gebüsch und in der Balzzeit kann man die vielen Fasane fast streicheln. Es gibt keine Durchgangsstraßen, sondern fast ausschließlich Schotterwege, was den Verkehr sehr reduziert.

Buntes Hafenleben am Isefjord

Der Fähranleger und der kleine ♥ Jachthafen von **Rørvig** liegen am Isefjord. Der Fjord trennt Westseeland von Nordseeland, der Region nördlich von Kopenhagen. Wenn man nicht einen Umweg von etwa 150 Kilometern um die Fjorde auf sich nehmen will, setzt man mit der ♥ Fähre nach Hundested über, was nur etwa eine halbe Stunde dauert. Die Fahrgäste sind oft Urlauber oder Ausflügler, entsprechend fröhlich und entspannt ist die Stimmung an Bord.

Boote und Häfen

Wenn man ein Ferienhaus in Rørvig gemietet hat, wird man regelmäßig am Hafen vorbeischauen, ein Eis kaufen oder im gemütlichen ♥ Hafenbistro Fiskeburgeren direkt an den Bootsstegen des Jachthafens sitzen. Die Kinder keschern nach Krabben oder buddeln in der kleinen Sandbucht. Wer liegen will, findet einen Platz auf der großen Wiese am Fjord. Im Sommer warten auch schicke Oldtimer auf die Fähre und bieten Anlass für ein Gespräch unter Fachleuten und Liebhabern!

roervig-fisk.dk

Zwei weitere Restaurants findet man längs der Straße zum Hafen: den ausgezeichneten und sehr imposanten ♥ Rørvig Kro und ein beliebtes ♥ Steak- und Grillhaus. Wer seine Mahlzeit lieber selber angelt, kann sein Glück im Fjord oder in der Ostsee versuchen. Vom Hafen fährt der ♥ Kutter Marianne-F von April bis August auf Plattfisch hinaus.

Angeln

Schon die Wikinger haben den Isefjord besiedelt und geschätzt. Nördlich vom heutigen Fähranleger schufen Wind und Strömung eine Bucht, die die Wikinger als natürlichen Hafen nutzten. Den Namen ♥ Skansehage erhielt die Bucht wegen der militärischen Anlagen aus dem 19. Jahrhundert, als Dänemark sich mit Großbritannien bekriegte. Spuren der Vorzeit sind die vielen Hügelgräber in der Landschaft und der ♥ Thingplatz Isøre. Ein Thingplatz ist ein mittelalterlicher Versammlungsplatz für politische Entscheidungen. Der Wanderweg ♥ Isefjordstien führt an vielen historischen Denkmälern vorbei. Er beginnt gut ausgeschildert am Hafen von Rørvig.

Wandern und Radfahren

Das eigentliche Dorf Rørvig versteckt sich fast unberührt von dem Urlaubertrubel am Fjordufer. Kleine, bunte Häuser bieten sich als Fotomotiv an, ein bisschen Kunsthandwerk, eine Bäckerei und zwei Supermärkte sorgen für alles, was man braucht im Urlaub. Es ist ein herrlicher Ferienort mit vielen Sonnenstunden.

Nykøbing Sjælland, ein beschauliches Städtchen

Nykøbing Sjælland wurde bereits im 13. Jahrhundert urkundlich erwähnt und gehört zu den ältesten Städten auf Seeland. Hübsche Kopfsteinpflastergassen und eine mittelalterliche, rote Backsteinkirche schmücken den Ort, doch die Stadt ist keine überlaufene Touristenattraktion. Es herrscht eine geruhsame Stimmung. An der hübschen ♥ Fußgängerzone gibt es ein paar nette Geschäfte und an Sommerwochenenden bauen Marktbeschicker ihre Stände auf.

Mehrere, beliebte Lokale bietet die Hauptstraße, zum Beispiel das ♥ Restaurant Madkunsten mit leckerer, lokaler Küche und einem entzückenden Hinterhof oder den gegenüberliegenden ♥ O'Mallies Pub, der nicht nur eine große Auswahl dänischer Biere, sondern auch Livemusik verspricht.

Der ♥ Fischerei- und Handelshafen etwas außerhalb des Zentrums am Isefjord bietet heute nur noch wenig Arbeit,

entsprechend ruhig geht es dort zu. Hinter dem Hafen entstanden ein neuer ♥ Jachthafen und komfortabel ausgestattete Ferienwohnungen. Die Lage ist ruhig und windgeschützt, es gibt einen Imbiss, einen Spielplatz und die ♥ Galerie Muld Plus Guld. Das Hafenkontor vermietet Fahrräder, Kanus oder kleine Jollen mit Motor für einen Angelausflug.

mulsplus-guld.de

Informationsmaterial, Wanderkarten und auch Eintrittskarten für verschiedene Attraktionen bekommt man in der ♥ Touristeninformation Odsherred im alten Gerichtsgebäude von Nykøbing, gegenüber der Kirche. An der Algade gibt es bei ♥ Kuberts Fisk frischen Fisch oder einen Imbiss, das Delikatessengeschäft ♥ Ostebørsen verkauft leckeren Käse aus aller Welt. Für Regentage empfiehlt sich das kleinere, aber überdachte und recht neue ♥ Schwimmbad in Nykøbing.

Naturerlebnisse

Lokale Spezialitäten

Kunst und Kunsthandwerk

Schöne Landschaften und das besondere Licht am Meer ziehen Künstler und Kunsthandwerker von jeher magisch an. Rund um Rørvig und in der ganzen Region Odsherred findet man eine Vielzahl von kleinen Galerien, Ateliers und auch einige Kunstmuseen. Manche Hobbykünstler verbringen ihren Lebensabend in einem Ferienhaus am Meer. Zu Pfingsten findet ein großes Festival statt, ♥ Kunstdage i Pinsen, bei dem eine Vielzahl an Kunstmärkten, kulinarischen Erlebnissen und offenen Ateliers auf Gäste warten. Aber auch außerhalb der Pfingsttage freuen sich die Künstler über Besucher! Eine weitere Initiative heißt ♥ Kunst i Odsherred. Eine Broschüre mit Adressen und auch die Übersichtskarte mit allen Galerien und Ateliers im näheren Umkreis von Rørvig bekommt man im Touristenbüro in Nykøbing.

Kunst und Handwerk

Rørvig
Isefjord

Kunst und Handwerk

Ein Museum für Glaskunst mit einem schönen Restaurant ist das ♥ Hempel Glasmuseum am Ortsrand von Nykøbing, nur einen Fußweg vom Jachthafen entfernt. In der Dauerausstellung sind drei private Sammlungen mit über 2.000 kunstvollen Glas- und Porzellanobjekten zu sehen. Der Stifter des Museums, J. C. Hempel, hat als junger Unternehmer vor etwa 100 Jahren eine Fabrik für Schiffslacke aufgebaut, die heute zu den weltweit führenden Unternehmen auf diesem Gebiet gehört.

Hempel war ein Visionär und vor allem ein Kunstfreund. Er trug die ♥ größte, private Glassammlung Nordeuropas zusammen, für die eine Stiftung 1964 das Museum eröffnete. Ergänzt wird seine Sammlung von zwei weiteren Sammlungen mit dänischem Glas und bemaltem Porzellangeschirr. Da die Hempel-Stiftung alljährlich einen Preis für dänische Glaskunst verleiht, kommen ständig moderne Objekte hinzu. In der ♥ Werkstatt Glasspiren finden im Sommer Workshops für Kinder und Erwachsene statt und das Restaurant ♥ Anneberg Cafe hat ebenfalls den ganzen Sommer über geöffnet.

Mein Tipp

Nur wenige Kilometer südlich von Nykøbing, am Gammel Nykøbingvej, verspricht das **Sommerland Seeland** Spiel und Spaß besonders für junge Gäste. Der Freizeitpark lockt in den Sommermonaten mit einem Wasserparadies, einem Kletterpark, mit Achterbahnen, einem Streichelzoo, einer Bonbonwerkstatt und noch vielem mehr!

sommerlandsj.dk

RØRVIG **TIPPS**

- Familienurlaub
- Kunst und Handwerk
- Boote und Häfen
- Naturerlebnisse

QR-Code scannen und weiterstöbern! Den kompletten Artikel zum Ort mit Strandfotos, interessanten Ausflugszielen und vielen Ferienhäusern gibt es hier.

Lage

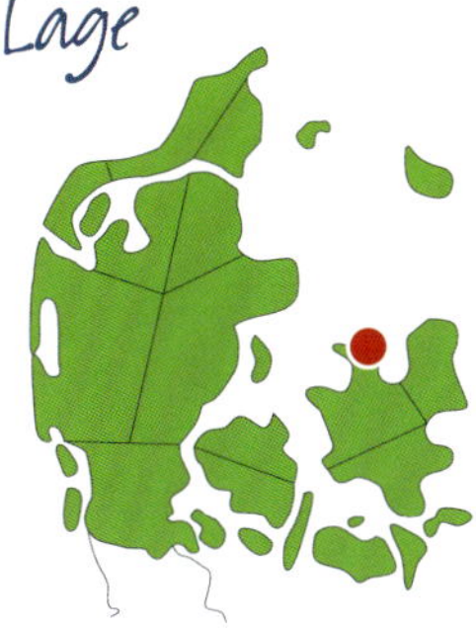

Sejerø Bugt – Sonnenuntergänge zum Träumen

Die Sejerø Bugt ist eine große, naturschöne Bucht zwischen den Halbinseln Røsnæs und Sjællands Odde im Westen von Seeland. Die Insel Sejerø gab der Bucht ihren Namen. Besonders zum Sonnenuntergang ist der Blick über die Ostsee berauschend! Viele Hügel mit Hunderten von Grabhügeln prägen das Hinterland. Die Strände vor dem Naturgebiet Korevlerne und in Ordrup sind besonders kinderfreundlich.

Ferienhäuser und Strände von Sjællands Odde bis Ordrup Strand

Wenn man sich die **Sejerø Bugt** auf dem Satellitenbild anschaut, erahnt man bereits, was diese Urlaubsregion zu bieten hat: Fast zehn Kilometer schönsten Sandstrand mit flachem, sauberem Ostseewasser, eingerahmt von zwei markanten Landzungen. Ein kleiner Teil der Bucht heißt **Nekselø Bugt**, da hier die wenig besiedelte Naturschutzinsel Nekselø liegt.

Sjællands Odde heißt die schmale Landspitze im Nordosten, sie schützt die Sejerø Bugt vor dem offenen Meer. Besonders im Südosten wird dieser Höhenzug intensiv landwirtschaftlich genutzt. Große Getreidefelder, Viehweiden und Obstplantagen bei Ebbeløkke prägen das Landschaftsbild. Vom Gammel Ebbeløkkevej hat man eine großartige Aussicht und sieht vermutlich die meisten ♥ Solbærsträucher Dänemarks!

Naturerlebnisse

Am äußersten Zipfel, kurz vor der ♥ Landspitze Gniben, ist die Landschaft ganz ungewöhnlich wellig. Die Hügel sind schmal und von tiefen Furchen mit einer reichen Tierwelt durchzogen. In **Gniben** stehen mehrere militärische Anlagen. Man kann zwar passieren, aber die steinige Küstenlinie unterhalb der Gebäude ist nicht sehr attraktiv.

Geschichte

In den 30er Jahren des 20. Jahrhunderts fanden hier die sogenannten ♥ Kattegatschwimmen statt – sportliche Naturen schwammen von Sjællands Odde bis nach Elsegårde bei Ebeltoft, den Weg, den heute die ♥ Fähre nach Jütland nimmt. Diese Wettbewerbe waren so populär, dass man ein Badehotel für die Zuschauer errichtete. Heute ist in dem ehemaligen Hotel eine Militärakademie untergebracht. Ein Gedenkstein an der Landspitze erinnert an die erfolgreichsten Schwimmer.

Hinter den überwiegend ♥ steinigen Stränden auf der Nordseite der Landzunge erstrecken sich weitläufige Kiefernwälder mit vielen Ferienhäusern. Ein bisschen Sand zwischen dem Kies bieten **Ebbeløkke** und auch **Overby Lyng**. Allerdings verläuft hier die viel befahrene Hauptstraße 21 direkt zwischen Ferienhäusern und Badestrand. Ruhiger geht es im westlichen Teil von **Yderby Lyng** zu. Hier stehen die Häuser von Gniben in der urigen, grünen Hügellandschaft.

Lokale Spezialitäten

Die Hauptattraktion von Sjællands Odde ist der Odden Havn in **Havnebyen**, ein gut besuchter, kleiner ♥ Fischerhafen mit vielen Restaurants und der weithin bekannten Fischräucherei ♥ Odden Fisk. Der Duft der kulinarischen Köstlichkeiten zieht die Gäste in Scharen an. Hier gibt es nicht nur Räucherfisch und frische Ware, sondern auch allerlei Feinkost, warme Gerichte und einen Gemüsestand mit regionalen Produkten. Das weiße Gebäude der zweiten Räucherei ♥ Sjællands Odde Røgeriet wurde vom dänischen Architekten Arne Jacobsen entworfen. Im Sommer werden ♥ Angeltouren ab Havnebyen angeboten. Einen Angelguide für die Region bekommt man im Odsherred Touristbüro in Nykøbing Sjælland.

Angeln

Kunst und Handwerk

Der Kunstgewerbe- und Feinkostladen ♥ Kastanielys am Søndervangsvej in der Mitte der Halbinsel ist ein schönes Ausflugsziel für kühle Tage oder um ein Fahrrad zu leihen. Hier bekommt man auch allerlei Infomaterial zur Umgebung oder Flickzeug, falls auf einer Radtour Service nötig ist!

Gut zu wissen

Die **Fähre** von Odden nach Ebeltoft oder Aarhus fährt nur etwa eine Stunde, diese **schnelle Verbindung nach Jütland** kann man prima auch für einen Tagesausflug nutzen. Der Nachteil des Fährhafens ist das hohe Verkehrsaufkommen entlang der Hauptstraße 21 durch Sjællands Odde, was man bei der Hausauswahl berücksichtigen sollte.

Gemütlicher Mittelpunkt: Ordrup Strand

Besonders charmant ist es in der Mitte der Sejerø Bugt rund um die Ferienhäuser von **Ordrup**. Auffallend viele Picknickbänke am Strand deuten darauf hin, wie beliebt dieses Fleckchen für einen Ausflug ist! Direkt über dem ♥ Sandstrand erhebt sich ein Grabhügel aus der Bronzezeit. Vom stabilen Badesteg kann man prima schwimmen gehen oder die Aussicht genießen.

Naturerlebnisse

Die gemütliche Atmosphäre am Strand ergibt sich durch die Lage zwischen dem Landvorsprung ♥ Ordrup Næs mit steiniger, aber bei Anglern beliebter Küste und der ♥ Hügellandschaft von **Veddinge Bakker**. Auf Veddinge Bakker stehen tolle Ferienhäuser mit fantastischem Meerblick. Wer hier bucht, sollte ein gutes Navigationsprogramm und ein Auto mit etwas Bodenfreiheit haben, die Zufahrtswege sind manchmal recht abenteuerlich!

Lokale Spezialitäten

Entlang der Hauptstraße von Ordrup nach Veddinge öffnen im Sommer mehrere Restaurants mit schattigen Terrassenplätzen. Im sehr hyggeligen ♥ Hofladen Baunehøjgård bekommt man viele Bioprodukte und Blumen, Getränke serviert die Kaffeebar. Alles andere bietet der gut sortierte Supermarkt gleich um die Ecke.

Korevlerne Strand – das Herzstück der Sejerø Bugt

Nördlich von Veddinge Bakker liegt **Høve Strand**. Høve ist von zwei Wäldern umgeben, dem Høve Skov und dem Jyderup Skov. Der ♥ Høve Skov reicht bis zum Strand und ist in weiten Teilen auch als Hundewald freigegeben.

Urlaub mit Hund

Im Anschluss beginnt ♥ Korevlerne, eine Lagunenlandschaft, die während eines Sturms im Winter 1902 entstand und aus dem breiten Sandstrand eine vorgelagerte Sandbank machte. Die so entstandene Lagune beschert nicht nur vielen ♥ Wasservögeln eine Heimat, auch eine Herde ♥ Galloway-Rinder grast hier frei und unbekümmert. Daher sind die beiden Zugänge zum Strand eingezäunt. Man darf die umzäunten Gebiete betreten, ein etwa acht Kilometer langer Wanderweg führt an der gesamten Bucht entlang.

Naturerlebnisse

Von den Ferienhäusern führen mehrere Brücken und Dämme zur Sandbank. In fünf Minuten Fußweg ist man vom einzigen, öffentlichen Parkplatz am Ellinge Skovvej am Wasser. Der barrierefreie Weg lohnt sich. Ein wirklich schöner, flacher ♥ Naturstrand aus Sand mit nur wenigen kleinen Steinen lädt zum Baden ein.

Mit einem Fernglas lassen sich die Vögel und die kleine Galloway-Herde gut beobachten. Am Weg wachsen Kuhschellen, Heidekraut, Schilf und Strandhafer – die Natur hat hier reich eingedeckt!

Die Ferienhaussiedlungen vor Korevlerne heißen **Vig Lyng**, **Hønsinge Lyng**, **Ellinge Lyng**, **Højby Lyng** und **Gudmindrup**. Außer durch ihren Namen unterscheiden

Havnsø Sejerø Fähre

sich die Siedlungen aber nicht groß. Es ist ein zusammenhängendes ♥ Ferienhausgebiet im Grünen mit Geschäften und Restaurants entlang des Lyngvejs. Am schönsten ist der Strand von Gudmindrup. Hier endet die Lagune und man kann direkt vom Parkplatz am Gudminderup Strandvej auf den feinen, weißen Sand laufen. Im Sommer öffnet ein Kiosk am Parkplatz. Weiter im Norden beginnt die Ferienhaussiedlung von **Lumsås** auf Sjællands Odde. Nur der Strand an der südlichen Küste von Lumsås ist flach und sandig, der Nordstrand liegt unterhalb einer steinigen Steilküste, die typisch für die Landzunge Sjællands Odde ist. Der Blick über die Bucht und die Chance auf einsame Spaziergänge am Meer haben aber auch etwas Reizvolles!

Havnsø, Sejerø und die Nekselø Bugt

Boote und Häfen

Havnsø ist ein kleines Hafendorf im Süden der Sejerø Bugt, in dem es wohl mehr Ferien- als Wohnhäuser gibt. Regelmäßig legen hier die ♥ Fähren zu den Inseln **Nekselø** und **Sejerø** ab, Segelboote schaukeln im Wind. Viel mehr ist hier nicht los. Es gibt ein Strandhotel mit Gastronomie, einen sehr nett bewirteten ♥ Hafenimbiss und einen gemütlichen, kleinen Kro, der etwas versteckt hinter dem Hotel steht. Der Supermarkt hat ganzjährig geöffnet und im Sommer gibt es einen wöchentlichen ♥ Flohmarkt. Der Strand ist schmal und liegt zum Teil sehr nah an der Küstenstraße.

Ruhiger und naturbelassener ist der ♥ Badestrand weiter nördlich zwischen dem Campingplatz **Sanddobberne** und dem Vindekilde Strandvej. Südlich von Havnsø gibt es einen weiteren, herrlichen Strandabschnitt am ♥ Naturschutzgebiet Vesterlyng.

♥ Nekselø ist ein Ziel für Tagesausflüge. Nur wenige Insulaner wohnen hier, die das Fleckchen mit einigen sehr seltenen Pflanzen teilen. Sejerø liegt weiter draußen. Für Inselurlauber gibt es dort einige Ferienhäuser.

Geologie und Kunstgeschichte – eine perfekte Harmonie

Die Kommune im Nordwesten von Seeland heißt **Odsherred**, aber es gibt keinen Ort mit diesem Namen. Die einzige Stadt ist Nykøbing Sjælland bei ♥ Rørvig am Ufer des Isefjords. Die Orte **Vig** und **Asnæs** gehören ebenfalls zu Odsherred. In Vig gibt es mehrere Supermärkte, ein kleines ♥ Schwimmbad, ein Kino und eine Bibliothek mit Internetzugang. Ein größeres, überdachtes Einkaufszentrum und auch ein ♥ Schwimmbad hat Asnæs zu bieten. Zwischen Asnæs und **Høve** liegt der kleine ♥ Odsherred Zoo, er ist von April bis Oktober geöffnet.

Mehr auf Seite 156

Familienurlaub

Das besondere Licht und die Schönheit der Natur haben viele bekannte, dänische Maler zu Beginn des 20. Jahrhunderts inspiriert, sich der Landschaftsmalerei zuzuwenden. Die Künstler, die sich zwischen Isefjord und der Sejerø Bugt niedergelassen haben, sind als ♥ Künstlerkolonie Odsherred bekannt. In Asnæs steht das ♥ Kunstmuseum Odsherred mit vielen Werken dieser Maler. Das wunderschöne Hvide Hus, eine ehemalige Fabrikantenvilla, bildet den perfekten Rahmen für die lichtdurchfluteten, impressionistischen Werke.

Kunst und Handwerk

Ein weiteres Kunstmuseum hat die Familie von Sigurd Swane der Region überlassen: Der ♥ Malergården am Lammefjord ist ein wahres Familienkunstwerk! Swanes Frau Agnes war Architektin, sie hat mit dem Entwurf des Gebäudekomplexes in den 1930er Jahren ihren Traum vom Wohnen und Arbeiten realisiert. Sigurd Swanes Atelier mit seinen vier Meter hohen Decken, die Wohnräume und der herrliche Garten sind noch heute zu besichtigen. Auch die Kinder der beiden wurden Maler und stellten den Familienbesitz vor einigen Jahren der Öffentlichkeit zur Verfügung.

Kunst und Handwerk

An Naturerlebnissen und Landschaftsformen gibt es in Odsherred fast nichts, was es nicht gibt – zumindest in Bezug auf die dänische Landschaft. Die gesamte Region Odsherred ist von der UNESCO zum ♥ GeoPark Odsherred ernannt worden, um die geologische und naturhistorische Bedeutung einer breiten Öffentlichkeit bekannt zu machen.

Naturerlebnisse

Havnebyen
Fischerboote

Besonders auffällig sind die drei Höhenzüge, die die Region prägen. Sie sind gespickt mit hunderten von Grabhügeln, die für zusätzliche Erhebungen sorgen. Die beste Aussicht hat man vom ♥ Esterhøj bei Asnæs, dem ♥ Vejerhøj in der Nähe des Schlosses Dragsholm oder auch von den steilen Hügeln Klint Bakker direkt am Meer. Wer hier in der Region Rad fahren möchte, sollte einige Steigungen einkalkulieren!

Höchste Hügel der Region

Die Hügelgräber stammen aus der Bronzezeit, ebenso wie der einzigartige ♥ Sonnenwagen von Trundholm, der 1902 auf einem Acker bei Elling Lyng gefunden wurde. Ein beschrifteter Findling direkt an der Hauptstraße 21 markiert den Fundort. Das Original steht im Nationalmuseum in Kopenhagen, aber im Museum Odsherred kann man eine Kopie und viele andere Geschichten zur Bronzezeit entdecken.

Geschichte

Von Ordrup nach Süden sollte man unbedingt einmal auf der in ganz Dänemark ausgeschilderten ♥ Margueritruten fahren, die hier dem ♥ Vindekilde Strandvej folgt – sicher eine der schönsten Straßen auf Seeland. Auf der einen Seite die Sejerø Bugt mit den vorgelagerten Inseln, auf der Landseite der sanft ansteigende Vejerhøj mit vereinzelten, weißen Reetdachhöfen, großen Pferdekoppeln und dichten Baumgruppen – wer hier wohnen darf, hat es wirklich gut getroffen.

Mein Tipp

Leider stehen am Vejerhøj keine Ferienhäuser, aber zum Restaurant im **Schloss Dragsholm**, einem der ältesten Schlösser in Dänemark, gehört eine Brasserie mit Aussichtsterrasse. Mit einem kühlen Drink in der Hand und dem weißen, gepflegten Schloss im Rücken bekommt man eine Ahnung davon, wie es sich wohl anfühlt, hier zu leben.

SEJERØ BUGT **TIPPS**

- Familienurlaub
- Kunst und Handwerk
- Naturerlebnisse
- Angeln

QR-Code scannen und weiterstöbern! Den kompletten Artikel zum Ort mit Strandfotos, interessanten Ausflugszielen und vielen Ferienhäusern gibt es hier.

Lage

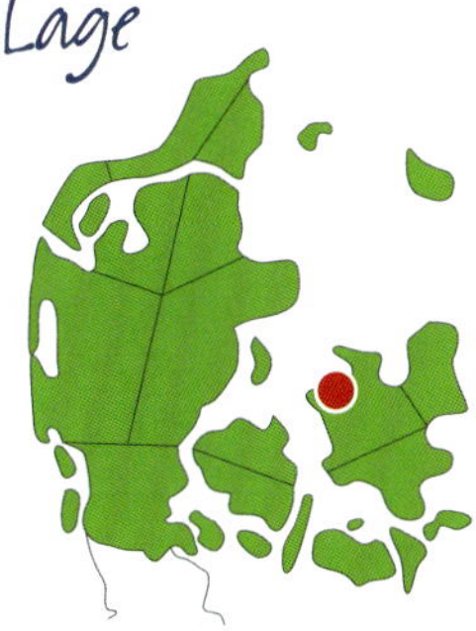

Nordseeland – Historische Sommerfrische der Kopenhagener

„Dänische Riviera", diesen Namen trägt die Küste im Norden von Seeland zu Recht. Der Himmel ist meistens so blau wie das Meer, viele Strände sind lang und feinsandig und schicke Bars und Restaurants laden zu lauschigen Abenden ein. Das Hinterland ist geprägt von Wäldern, Seen, Fjorden und zahlreichen Museen. Königliche Schlösser machen das Urlaubsangebot komplett.

Urlaub an der „dänischen Riviera"

Urlaub machen, wo die glücklichen Dänen, zumindest jene aus Kopenhagen, ihren Sommer verbringen: zwischen **Liseleje**, **Tisvildeleje** und **Hornbæk**. Herrliche Strände mit hohen Dünen, flacher Sandstrand mit Gastronomie, aber auch steinige Küstenabschnitte wechseln sich ab. Die Landschaft ist überall reizvoll. Nur an der Steilküste zwischen Tisvildeleje und **Gilleleje** kommt man wegen der privaten Grundstücke leider oft nicht zum Wasser.

Hornbæk ist die Heimat von ♥ Ilse Jacobsen, deren bunte Gummistiefel und Regenjacken man bzw. Frau nicht nur in Dänemark gut gebrauchen kann. Sie sind allerdings, so wie die Ferienhäuser in Hornbæk, nicht ganz billig. Die hochgelegenen Prachtbauten und weitläufigen Villen kann man eh nicht mieten, aber der ♥ Strand hinter dem Hafen ist umsonst und wunderschön. Im Sommer sind Hunde tagsüber am Strand nicht erlaubt. Am schmaleren Strandabschnitt vor der ♥ Hornbæk Plantage sind Vierbeiner jedoch immer willkommen. Der dichte Laubwald der Plantage grenzt hier bis an den etwas steinigen Strand, ein schöner Fußweg säumt die Küste.

Urlaub mit Hund

Am ♥ Jachthafen von Hornbæk gibt es frischen Fisch, genau wie in den vielen guten Restaurants. Cafés wie das gemütliche ♥ Hansens Café und zahlreiche Einkaufsmöglichkeiten machen den Ort zu einem beliebten Urlaubsziel.

Boote und Häfen

Am nördlichsten Zipfel von Seeland liegt das lebhafte Hafenstädtchen **Gilleleje** mit Seelands größtem ♥ Fischereihafen. Der Ort ist klein, aber das Angebot an Geschäften und Gastronomie ist vielseitig und der Sommer wartet mit vielen Veranstaltungen auf. Vom Strand sollte man nicht zu viel erwarten – schön anzusehen, aber oft steinig. **Gilbjerg Hoved** zwischen Gilleleje und Smidstrup Strand ist der nördlichste Punkt Seelands und soll Anglern ♥ die besten Meerforellen bescheren! **Tinkerup Strand** hat eine kleine Steilküste, in **Smidstrup Strand** wird der Strand flach und breiter, aber auch hier gibt es viele Steine, ebenso wie in **Udsholt Strand**.

Boote und Häfen

Angeln

Rågeleje ist das Zentrum an diesem Küstenabschnitts mit vielen Restaurants und einem großen Parkplatz – am steinigen Strand. Von der naturgeschützte Hügellandschaft ♥ Heatherhill Bakker hat man eine herrliche Aussicht über die Ostsee, bei ♥ Ditzel & Co bekommt man Eis und kleine Speisen. Östlich von Heatherhill liegt **Vejlby** an einer schroffen Steilküste. Der Strand von Vejlby bis zum Badehotel Helenekilde vor Tsvildeleje ist kein lohnenswerter Ort für Badegäste.

Tisvildeleje ist ein charmantes Küstendorf mit alten Reetdachhäusern und ♥ bunten Badehütten. Am Ortsrand im Osten lässt der große Parkplatz erahnen, wie beliebt angrenzende ♥ Strand ist: Hier beginnt der herrliche, sandige Abschnitt. Selbst der Strandkiosk hat ganzjährig täglich geöffnet. In der Nebensaison ist nur am Wochenende viel Betrieb, im Sommer muss man ein paar Meter gehen, um ein einsames Plätzchen zu finden – der Strand ist etwa acht Kilometer lang und endet in Liseleje. Hinter dem Strand liegt das Waldgebiet ♥ Tisvilde Hegn. Wer ein Fahrrad oder Wanderschuhe dabei hat, kann das Grün bis nach Liseleje durchqueren. Die Ferienhäuser von Tisvildeleje stehen weiter westlich, wo es auch einen Strand gibt. Die Zugänge dort sind durch die auslaufende Steilküste nicht alle barrierefrei.

Viel Strand!

Wandern und Radfahren

Umgeben von Wald und Wasser: Liseleje

Familien mit Kindern werden sich am Strand von **Liseleje** sehr wohl fühlen. Das relativ flache Meer ist ideal zum Planschen und die Zufahrt zum Wasser mit einer Rampe ♥ barrierefrei gestaltet. Der nahe Waldspielplatz ♥ Havtyren mit einem mächtigen, geschnitzten Seeungeheuer liegt unter schattenspendenden Bäumen. Gegenüber locken eine Bäckerei und die Eisdiele ♥ Lisestuen's Isbar mit ihren Köstlichkeiten.

Schattiger Spielplatz

Gegen Abend ist die Eisbar besonders gut besucht, dann tuckern die Oldtimer- und Motorradfahrer aus den umliegenden Orten gemächlich die Hauptstraße auf und ab und lassen sich von den Urlaubern bewundern. Der schöne Kiefernwald hinter dem Strandparkplatz ist als ♥ Hundewald freigegeben.

Urlaub mit Hund

Die Gegend um Liseleje bietet drei ganz unterschiedliche Landschaften – den traumhaften Strand im Norden, das Waldgebiet Tisvilde Hegn im Osten und den dichten Mischwald ♥ Asserbo im Süden. Wer es ganz ruhig haben möchte, sollte sich in Richtung Asserbo am ♥ Arresø orientieren. Den großen See umrahmt ein Ferienhausgebiet mit sanft hügeligen Feldern und Wäldern, idyllischen Dörfern und ab und an einer Picknickwiese.

Wandern und Radfahren

Kulinarisch hat Liseleje viel zu bieten: Von der schicken ♥ Grillbar Lisestuen mit abendlichem Barbecue über Pubs mit kleiner Karte bis zur gehobenen, dänischen Küche in romantischem Ambiente findet man hier alles, was das Herz begehrt.

Wer Fisch lieber küchenfertig kaufen möchte, fährt nach **Hundested**, dem ♥ Fährhafen am Isefjord. Hier gibt es mehrere Fischgeschäfte, die nicht nur den frischen Fang der Hafenflotte, sondern auch kleine Gerichte zum sofortigen Verzehr anbieten. Von Hundested fährt eine Fähre nach Westseeland zum schönen Hafen Rørvig, ein zweite Verbindung führt über den Roskildefjord zur schönen Halbinsel in den ♥ Schlosspark Jægerspris zwischen den Fjorden.

Der Traum vom eigenen Museum: Rudolph Tegner

Das Hinterland von Dronningmølle, ein breiter Streifen ♥ Heidelandschaft mit Schafen und viel Wildbestand, heißt tatsächlich ♥ Rusland. Mitten in den Hügeln steht das ♥ Rudolph Tegner Museum. Tegner war ein Bildhauer, der zu

Beginn des 20. Jahrhunderts vor allem überlebensgroße Skulpturen schuf. Das Museum hat der Bildhauer 1937 selbst hier errichtet. Es gibt kein elektrisches Licht und keine Heizung, darum ist das Museum im Winter geschlossen. Von außen erinnert es an die Bunker des Atlantikwalls, innen ist es jedoch wesentlich schöner. Auch in der Heide stehen die Skulpturen, meist bronzene Heldenfiguren oder Frauenkörper. Das kleine ♥ Museums-Café im Nachbarhaus ist ein hyggeliges Ausflugslokal in großartige Lage!

Kunst und Handwerk

Moderne Kunst in einem etwas kleineren Rahmen zeigt das ♥ Munkeruphus, ein schönes, lichtdurchflutetes Landhaus am Munkerup Strandvej. Die Ausstellungen sind von März bis November für Publikum geöffnet. Hinter dem Wäldchen gibt es einen öffentlichen Strandzugang. Der Weg dorthin führt durch den Wald, man geht ein paar Stufen zum Strand hinab. Die tolle Aussicht über die Bucht ist aber schöner als der steinige Strand selbst.

Geschichte

esrum.dk

Familienurlaub

Das ♥ Esrum Kloster und Møllegård am großen Esrum Sø ist der bescheidene Überrest eines großen Zisterzienserklosters. Innen ist nicht viel zu sehen, aber die Anlage und die umliegenden Häuser werden Freunde der dänischen Gemütlichkeit verzücken. Ein ♥ Heilkräutergarten, die imposante Wassermühle am Møllegaard und ein barrierefreier Wanderweg sind sehenswert. Für Kinder gibt es ein ♥ Spielzimmer mit Ritter- und Mönchskostümen zum Verkleiden und Spielen. Zwei Cafés warten auf Besucher, im Klostercafé an der Wassermühle kann man auch ♥ Fahrräder ausleihen. Wen der Name des Klosters irgendwie an Käse erinnert, der liegt richtig: Der Esrom-Käse wurde nach dem Kloster benannt, obwohl es eigentlich keine direkte Verbindung zwischen dem Käse und dem Klosterleben gibt.

Das Nationalhistorische Museum im Schloss Frederiksborg

Das ♥ Schloss Frederiksborg in **Hillerød** mitten in Nordseeland ist das größte Renaissanceschloss in Dänemark, erbaut unter der Regentschaft von Christian IV, der auf dem ursprünglichen Herrenhaus Frederiksborg geboren wurde. Frede-

riksborg war einst der Jagdsitz von Christians Vater Frederik II. Christian IV ist als Baumeister unter Dänemarks Königen bekannt. So lag es für ihn nur nahe, sein Geburtshaus zu einem prächtigen Schloss zu erweitern. Die Gebäude stehen auf drei Inseln in einem malerischen See. In der ♥ Schlosskapelle werden bis heute die dänischen Königinnen und Könige gesalbt und üblicherweise finden dort auch die königlichen Hochzeiten statt.

Geschichte

Das Schloss beherbergt heute das ♥ Nationalhistorische Museum. Ein Besuch lohnt sich mit der ganzen Familie. Kinder können im Keller Prinz und Prinzessin spielen, der Museumsrundgang ist ebenfalls für Kinder geeignet. Man kommt immer wieder über kleine Außenbalkone in einen anderen Trakt, wo es neue Geschichten über die alten Zeiten oder die Königin von heute zu erzählen gibt.

Die Schlossrunde führt unter anderem durch den Rittersaal – vorbei an hunderten von ♥ Wappenschildern des Dannebrog-Ordens und des Elefanten-Ordens, den zwei wichtigsten Orden, die in Dänemark verliehen werden – bis hin zur Sammlung moderner Kunst im Obergeschoss. Beeindruckend sind das historische Mobiliar, die ♥ Gemäldegalerie aus den vergangenen Jahrhunderten, die Ahnentafeln und vor allem die kunstvoll geschmückte Kirche mit drei berühmten Orgeln.

dnm.dk

Orgelbaukunst aus Deutschland

Die älteste ♥ Orgel ist eine noch bespielbare Holzorgel aus Wolfenbüttel, gebaut zu Beginn des 17. Jahrhunderts von Esaias Compenius. Die Orgel hat den verheerenden Schlossbrand im 19. Jahrhundert überstanden, weil sie lange Jahre im Schloss Frederiksberg in Kopenhagen stand. Nach dem kompletten

Wiederaufbau von Frederiksborg, den der Carlsberg-Gründer ♥ J. C. Jacobsen mitfinanziert hat, brachte man die Orgel zurück an ihren ursprünglichen Ort.

Dänischer Kunst- und Kulturmäzen

Jacobsen initiierte 1878 die Gründung des Nationalmuseums im Schloss und gab damit 500 Jahren dänischer Geschichte eine würdige Heimat. Die Carlsberg Foundation ist noch heute am Erhalt des Museums beteiligt.

Zum weitläufigen ♥ Schlosspark, der hinter dem Schlosssee beginnt, gehören kunstvolle Renaissance-Beete und ein Landschaftspark mit dicken Laubbäumen, vielen Radwegen und überdachten Picknickplätzen.

Ein weiterer, sehr schöner Schlosspark umgibt das ♥ Schloss Fredensborg im gleichnamigen Ort acht Kilometer westlich von Hillerød. Da Königin Margrethe II mit ihrer Familie dort alljährlich den Sommer verbringt, ist nur der Park für Besucher geöffnet.

Nahe Fredensborg kann man im ♥ Falkonergården die Kunst der Jagdfalkenausbildung bewundern.

Geschichte und berühmte Geschichten in Helsingør

Die Hafenstadt **Helsingsør** ist nur einen Katzensprung von der schwedischen Nachbarin Helsingborg entfernt. Bevor es die ♥ Øresundbron zwischen Kopenhagen und Malmø gab, war der lebhafte Fährverkehr ab Helsingør die schnellste Verbindung zwischen Dänemark und Schweden.

Von einer tragischen Verbindung zwischen Dänemark und England erzählt das ♥ Schloss Kronborg, in dem William Shakespeare seine berühmte Tragödie Hamlet spielen ließ. Eigentlich lebte der Prinz, der den Brudermord an seinem Vater rächen will und damit das Unglück erst richtig anzieht, auf der Insel Mors im Gebiet Limfjord-Thy.

Mehr auf Seite 42

Das mächtige Schloss mit seiner sternförmigen Festungsanlage liegt ungleich spektakulärer als die friedliche Insel Mors, und so ist Kronborg als ♥ Hamlet-Schloss bekannt geworden. Seit dem 19. Jahrhundert finden auf der Festung regelmäßig Aufführungen des Stückes statt und man kann ganzjährig eine Schlossführung auf Hamlets Spuren buchen, allerdings nur auf Dänisch oder Englisch.

Direkt zwischen Schloss Kronborg und dem Hafen steht eine ehemalige Schiffswerft. Sie ist in den letzten Jahren umgebaut worden zur sogenannten

Boote und Häfen

♥ Kulturværftet mit Nordseelands größtem Multifunktionssaal, einer Bibliothek und einem ♥ Werftmuseum. Im ehemaligen Trockendock verbirgt sich ein spektakulärer, unterirdischer Neubau mit dem ♥ M/S Museum für Seefahrt, das vom dänischen Architekturbüro BIG (Bjarke Ingels Group) entworfen wurde.

Der Neubau ist besonders gelungen, weil er den Blick auf die Burg nicht behindert und sich trotzdem sofort als architektonisches Kunstwerk zu erkennen gibt. Die Ausstellung selber ist eine der interessantesten zu diesem Thema. Die Art der Darbietung, die stimmungsvollen Licht- und Toneffekte und die Mitmachangebote sprechen alle Altersstufen an, auch wenn die Begleittexte nur in Dänisch und Englisch verfasst wurden. Man geht auf eine emotionale Reise in die Tiefe; zunächst hell und fröhlich wie die Seefahrtsromantik vergangener Jahrhunderte, dann schwankend wie auf einem Schiff mit alten Sextanten und Kompassen und düster und beängstigend, wenn es um die Beteiligung der Seefahrt am Zweiten Weltkrieg geht.

Größte Containerreederei der Welt

Die Ausstellung endet mit einem Containertransport nach heutigem Standard – bei der Größe der Schiffe stockt einem der Atem! Hier erfährt man auch etwas über die ♥ Reederei Mærsk Line. Es ist nicht nur das größte dänische Unternehmen, sondern auch die größte Reederei weltweit.

Das gesamte Areal zwischen Hafen und Schloss Kronborg heißt heute ♥ Kulturhavn Kronborg. Wer sich weder für alte Königsintrigen noch die Seefahrt interessiert, kann einen Bummel durch die kleinen Galerien und Cafés rund um den Burgwall unternehmen. Von Schmuck über textile Kunst bis zu beeindruckenden Fotografien gibt es hier jede Menge Kunsthandwerk in stilvollem Ambiente. Verschiedene ♥ Cafés wie die ♥ Kaffeeristerei Strandristeriet laden ein zu einer Kaffeepause. Frisch gerösteter Kaffee aus aller Welt duftet schon von Weitem. Die Zubereitungsart der persönlichen Kaffeeportion darf man selber wählen und wird feststellen, dass ein und dieselbe Röstung immer anders schmeckt!

Köstlicher Kaffee

Helsingør selber ist eine typisch dänische Stadt mit gemütlichen Lokalen in der Fußgängerzone, verschiedenen Geschäften und bunten, alten Häusern. Dazwischen stehen einige der Bronzeskulpturen von Rudolph Tegner. Auch das ♥ Øresund Aquarium und ♥ Dänemarks Technikmuseum sind hier angesiedelt sowie drei weitere Ausstellungsorte zur Stadt- und Fischereigeschichte, die zum Museum Helsingør gehören. Langweilig wird es hier sicher nicht!

Familienurlaub

Kunst am Meer

Die malerische Küstenstraße von Helsingør in Richtung Kopenhagen ist Teil der ♥ Margueritruten. Links die Ostsee, rechts historische Wohn- oder Wochenendhäuser. Dahinter erstreckt sich üppiger Mischwald am Hang. An dieser Straße liegt auch **Humlebæk** mit dem ♥ Kunstmuseum Louisiana, ein Muss für jeden kunstinteressierten Urlauber. Die ständige Sammlung internationaler Kunst, die wechselnden Ausstellungen weltberühmter Künstler und das einmalige Museumsgelände am Meer sind ein Gesamtkunstwerk, dessen Zauber sich kaum jemand entziehen kann.

Kunst und Handwerk

Europäische Malerei vom Mittelalter bis zum 19. Jahrhundert zeigt die ♥ Nivaagaards Malerisamling im Hafenstädtchen Nivå, einige Kilometer weiter in Richtung Kopenhagen. Der idyllischen Nivaagaard, den der Kunstsammler Alfred Hage um einen kleinen Kulturtempel für seine Bilder erweitert hat, war ursprünglich Teil einer Ziegelfabrik, die den enormen Baustoffbedarf von Christian IV im 16. Jahrhundert gewährleisten sollte.

Der ♥ Ordrupgaard ist das dritte Kunstmuseum an dieser Strecke. Die Sammlung zeigt Bilder des Impressionismus und aus dem sogenannten dänischen Goldenen Zeitalter. Einen weiteren Schwerpunkt bilden Architektur und Design. Die Architektin Zaha Hadid hat den Anbau entworfen und ein anderes Gebäude widmet sich dem Designer Finn Juhl. Der Ordrupgaard ist 2018 wegen Umbau geschlossen.

Kunst und Handwerk

Urlaub zwischen Isefjord und Roskilde Fjord

Der **Isefjord** trennen Nordseeland von Westseeland. Der Isefjord mündet bei Rørvig in die Ostsee, der benachbarte **Roskilde Fjord** mündet bei Kulhuse in den Isefjord. Der kleine **Lammefjord**, eine Bucht im Isefjord, gilt als ♥ Gemüsegarten der Region. Seine schmackhaften Wurzelgemüse bekommt man auch in deutschen Märkten.

Rund um die Fjorde findet man viele Ferienhausgebiete, die zwar kaum Strand, aber umso mehr Grün umgibt. Blumenbeete, üppige Hecken und Obstbäume zeigen, dass die Hausbesitzer hier gern selbst ihre Freizeit verbringen. Zum Wandern oder um die Städte rund um die Fjorde zu besuchen, wohnt man hier sehr gut und meist günstiger als an der Ostseeküste.

Den besten Strand hat **Kulhuse** ganz im Norden. Von dort setzt die Fähre ♥ M/F Columbus Ausflug nach Nordseeland nach Nordeb über, ideal für einen Ausflug an die Ostseestrände. Die Insel **Orø** liegt im Isefjord. Sie hat keinen tollen Strand zu bieten, aber andere hübsche Ziele für einen Tagesausflug. Wer Ruhe und Abgeschiedenheit liebt, kann ein ♥ Ferienhaus auf Orø mieten. Es gibt zwei Fährverbindungen: die gemütlichere Fähre von **Holbæk** aus und eine schnelle Seilfähre von **Hammer Bakke** im Osten.

Familienurlaub

↗ marliesesgaardcafe.dk

Die kunstvoll verzierte ♥ Orø Kirke Geschichte ist eine der ältesten Kirchen Dänemarks. Mit Kindern lohnt sich ein Besuch des ♥ Tierparks am Orøstrand. Er versteckt sich hinter dem Campingplatz am Nordstrand und wird von den Bewohnern eines Kinderheims betreut. Wenn man sich dann hungrig geschaut hat, muss man unbedingt die köstlichen Kuchenkreationen in ♥ Marlieses Hofcafé probieren. Gleich hinter Marlieses Hof liegt der ♥ Urtehaven, ein farbenfroher und aromatisch duftender Kräutergarten von Jens Johan Dahlkild.

Ein Hauch von Geschichte – Roskilde und Lejre

Weltkulturerbe

Geschichte

Unverzichtbar ist natürlich ein Besuch in der Stadt **Roskilde**, eine der geschichtsträchtigsten Städte in Dänemark. Einst landeten im Roskilde Fjord die Wikinger, ihre prächtigen Boote zeigt heute das ♥ Wikingerschiffsmuseum Geschichte. Einige der Schiffe fand man im flachen Wasser des Fjordes. Sie sind über die Jahrhunderte so gut erhalten, dass man sie originalgetreu restaurieren konnte. Bis ins 15. Jahrhundert war Roskilde sogar Dänemarks Hauptstadt. Im berühmten ♥ Dom zu Roskilde wurden 39 dänische Monarchen in kunstvollen Sarkophagen bestattet. Der Dom mit dem Status eines Weltkulturerbes ist auch ein wegbereitendes Bauwerk, denn er entstand im 13. Jahrh. als erster gotischer Backsteindom in Dänemark. Ein Faltblatt für einen ♥ historischen Stadtrundgang durch Roskilde verteilt die Touristeninformation am Marktplatz.

Lejre ist ein Nachbarort von Roskilde, dessen archäologische Bedeutung im Ortsteil **Gammel Lejre** liegt. Roskilde wurde ca. 1000 n. Chr. gegründet, um Lejre als Hauptstadt zu ersetzen. Rund um Gammel Lejre findet man unzählige Siedlungsspuren von der Steinzeit bis ins Mittelalter. Auch die Landschaft zwischen dem Roskilde Fjord und Lejre ist sehr reizvoll. Im Frühjahr 2015 wurde hier von Kronprinz Frederik der ♥ Nationalpark Skjoldungernes Land am Roskilde Fjord eingeweiht.

nationalparkskjoldungernesland.dk

Mitten im Nationalpark steht das ♥ Schloss Ledreborg. Der Rokoko-Gutshof ist seit acht Generationen im Besitz der Familie Holstein-Ledreborg. Der weitläufige Landschaftspark ist für Besucher geöffnet, durch das Schloss und die Gemäldesammlung werden Touren angeboten. Zum Schlossgelände gehört auch ein Golfplatz, ein Reitstall, ein ♥ Kletterpark und das familienfreundliche ♥ Freiluftmuseum Sagnlandet.

Familienurlaub

NORDSEELAND **TIPPS**

- Geschichte
- Wandern & Radfahren
- Kunst und Handwerk
- Boote und Häfen

QR-Code scannen und weiterstöbern! Den kompletten Artikel zum Ort mit Strandfotos, interessanten Ausflugszielen und vielen Ferienhäusern gibt es hier.

Lage

UND SONST NOCH?

Der **Dänemark-Kenner** lädt sein Auto nicht mehr mit den günstigen Lebensmitteln aus der Heimat voll, sondern kauft in einem dänischen **Supermarkt** ein. Besonders **Hygge** sind die Retro-Ferienhäuser, die an den **Dänemarkurlaub in den 70er Jahren** erinnern.

Einkaufen in Dänemark

Der Urlaub steht vor der Tür, gleicht geht's los. Der Kofferraum ist so voll mit Urlaubsgepäck, dass nicht mal mehr die Tüte H-Milch und fünf Pakete Nudeln hineinpassen. Beste Voraussetzungen also, um dänische Lebensmittelgeschäfte kennenzulernen.

Keine Angst, es ist nicht alles in Dänemark unbezahlbar und meistens leckerer als mitgebrachte Speisen. Doch für einen Großeinkauf im Urlaub lohnt es sich, die Auswahl an Supermärkten, die besten Sonderangebote und die Möglichkeiten zur Bezahlung zu kennen.

Die erste Hürde beim Einkauf in einem fremden Land ist genommen, wenn man Grundnahrungsmittel benennen oder sie zumindest im Regal erkennen kann. Für den Überblick über dänische Lebensmittel mit ihrem Namen und Besonderheiten gibt es am Ende dieses Artikels einen QR-Code zum Artikel ♥ Essen und

Mehr dazu in Band I

Einkaufen mit einem Vokabelblatt für den Einkauf zum Ausdrucken, sowie einen QR-Code zu einem Preisvergleich von deutschen und dänischen Supermärkten.

In Dänemark gibt es ♥ Dänische Kronen, der Euro ist kein offizielles Zahlungsmittel. Gerade in Urlaubsregionen kann man aber mit einem Euro-Schein zahlen und bekommt als Wechselgeld Dänische Kronen zurück. Das typisch dänische Zahlungsmittel ist die Dankort, eine nationale Zahlungskarte, die wohl jeder Däne hat und damit sogar sein Eis bezahlt. Das rote Kartensymbol DK an der Kasse heißt daher nicht automatisch, dass man mit einer deutschen Karte zahlen kann.

Dänische Währung

Doch was bekommt man wo, und welcher Markt bietet die größte Auswahl oder die günstigsten Preise? Welches Sortiment bzw. Geschäftskonzept verbirgt sich hinter dem Namen der Märkte?

Große Auswahl, lange Öffnungszeiten

Die Vielfalt an Supermärkten und Lebensmitteldiscountern ist ähnlich wie in Deutschland. In den Ferienhausgebieten öffnet im Sommer meist ein kleiner Købmand, der frische Brötchen und ein Sortiment mit dem Nötigsten für jeden Tag anbietet. In Ferienzentren wie Blavand oder Hvide Sande gibt es mehrere große Supermärkte. Geöffnet haben die Läden meist sieben Tage in der Woche, zumindest im Sommer. Die genauen Öffnungszeiten findet man über den Link ♥ Åbningstider auf den Websites der Geschäfte. Die längsten Öffnungszeiten haben Discounter-Ketten, sie öffnen in der Regel sieben Tage die Woche von 8-21 Uhr.

In größeren Orten gibt es Wochenmärkte, verbreiteter sind aber die kleinen, privaten Verkaufsstände an der Straße. Obst und Gemüse aus dem eigenen Garten und das Vertrauen darauf, dass der Kunde auch bezahlt, was er nimmt, bilden die Grundlage für diese liebenswerte Einkaufsmöglichkeit.

Sonderangebote

Um sich schon daheim über die besten Angebote zu informieren und Preise zu vergleichen, findet man auf der Seite ♥ Tilbudsugen die aktuellen Prospekte aller Supermärkte und Discounter. Natürlich auf Dänisch, aber man könnte schnell mal googlen oder im Wörterbuch nachschauen, was das günstige Produkt eigentlich ist. So lernt man gleich ein paar neue, dänische Vokabeln!

tilbudsugen.dk

Typisch für Dänemark sind Sonderangebote, bei denen man zwei oder drei Stück eines Artikels zum Rabattpreis bekommt, so wie man es in Deutschland eher aus der Textilbranche kennt. „Spar" zeigt, was man gegenüber dem Einzelpreis sparen würde. Gemüse und besonders Obst werden oft stückweise berechnet, auch hier gibt es einen günstigeren Preis, wenn man eine bestimmte Menge kauft. Fleisch und Käse ist in großen Verpackungseinheiten wesentlich günstiger als in kleinen Paketen. Dänen kaufen generell auch eher einmal ein großes Stück Käse oder Wurst als nur zwei Scheibchen. Weil die meisten Sachen so lecker sind, ist das eine gute Idee für den Urlaub und spart vielleicht den täglichen Weg zum Einkaufen!

Kleine Lebensmittelgeschäfte für die Nahversorgung

In kleinen Dörfern und Ferienhausgebieten gibt es das, was man früher liebevoll den ♥ Tante-Emma-Laden nannte. Kurze Wege und die Hoffnung, dass der Laden auch beim nächsten Urlaub noch geöffnet hat, sind gute Gründe, hier zumindest Brötchen oder eine Tüte Milch zu kaufen. Neben Lebensmitteln gehören meistens auch ein paar Haushaltswaren, Arzneimittelverkauf und Postservice zum Angebot. Frische Backwaren werden im Geschäft aus Tiefkühlrohlingen zubereitet.

Spar-Märkte sind die häufigsten Lebensmittelmärkte in Dänemark. Es sind inhabergeführte Lebensmittelmärkte, die je nach Größe und Lage ein unterschiedliches Grundsortiment bieten.

Min Købmand heißt „Mein Kaufmann" auf Deutsch. In über 200 meist kleinen Orten gibt es diese Läden, die sieben Tage die Woche geöffnet haben und damit auch eine Art Kioskersatz sind.

Der **Dagli'Brugsen**, der „tägliche" Brugsen, ist eine abgespeckte Version der großen Supermarktkette Brugsen für den schnellen Einkauf. In manchen Orten gibt es einen noch kleineren LokalBrugsen.

Letkøb ist eine Kette mit kleinen Lebensmittelgeschäften, die den täglichen Bedarf mit einem überschaubaren Sortiment decken. Die Verbreitung und das Konzept sind ähnlich wie bei „Min Købmand". Sonderangebote gibt es auch hier.

Die kleinen Geschäfte mit dem schönen Namen **Nærkøb** sind eher eine Art Kiosk. Man bekommt hier ein paar Lebensmittel, aber vor allem eine große Auswahl an „slik", wie Süßigkeiten in Dänemark heißen, Knabberzeug und Getränke, dazu frische Backwaren, Coffee to go, manchmal auch heiße Würstchen oder Hot Dogs.

Große Supermärkte mit einem Vollsortiment

Die großen Supermärkte mit einer Nonfood-Abteilung und Frischetheke bieten alles, was das Herz und der Gaumen begehren. Einige Ketten sind spezialisiert auf Biowaren oder lokale Spezialitäten. Der Bäckertresen wird hier meist von einem Handwerksbetrieb beliefert.

Der **SuperBrugsen** ist die wohl verbreitetste Supermarktkette in Dänemark. Das rote Brugsen-Schild kennt sicher jeder Dänemarkurlauber. Die Supermärkte gehören zu Coop Denmark und führen viele bekannte Eigenmarken, zum Beispiel Änglamark für ökologische Produkte vom Waschmittel bis zur Salatgurke. Eine Spezialität sind auch lokale Waren, man findet hier immer auch Gemüse von Bauern in der Region.

Meny ist ein neuer Marktname in Dänemark, mit SuperBrugsen vergleichbar und mit einem großen Sortiment auch im Nonfood-Bereich und Frischetheken für Backwaren, Fleisch, Käse und Fisch. Viele Märkte, die früher SuperBest hießen, sind heute ein Meny.

Die Märkte von **Føtex** bieten ein umfassendes Sortiment aus den Bereichen Nonfood und Lebensmittel. Sie sind eher in Städten und nicht direkt im Ferienhausgebiet zu finden. Wer typisch dänisch einkaufen möchte, sollte einen Føtex besuchen. Das Kundenmagazin Mood mit vielen Rezepten und Produktinformationen kann man auch online lesen. Wer etwas Dänisch kann, findet hier leckere Ideen für die Urlaubsküche.

Kvickly stammt ursprünglich aus Schweden, gehört aber inzwischen ebenfalls zu Coop Denmark. Die Kvickly Märkte beeindrucken mit einer sehr großen Auswahl an wirklich frischem Obst und Gemüse, auch aus ökologischem Anbau, und Feinkosttheken mit Smørrebrød und anderen Leckereien. Eine Spezialität ist die Auswahl an Käse aus der ♥ Thise Mejeri auf der Halbinsel Salling am Limfjord.

Irma ist eine Supermarktkette auf Seeland, vorzugsweise in Kopenhagen, die sich besonders an umweltbewusste Kunden wendet. Das Konzept basiert auf einem umfangreichen Sortiment qualitativ hochwertiger Lebensmittel. Viele Bio-Produkte, Feinkost und eine Auswahl an frisch abgepackten Speisen bekommt man hier. In großen Städten kann man beim **Irma City** um die Ecke fertige Gerichte für ein spontanes Picknick erstehen. Das neueste Mitglied der Irma-Familie ist **Lille Irma**, kleinste Geschäfte, in denen das Sortiment nach Kundenwünschen zusammengestellt ist. Irma hat eine sehr ansprechende Eigenmarke namens Irma. Das Logo mit dem „Irma-Mädchen“ wurde im Gründungsjahr 1907 entworfen. Damals zeigte es ein kleines Mädchen in einem romantischen Schürzenkleid, heute ist es nur noch ein stilisierter Mädchenkopf mit Haarschleife. Das Bild erinnert ein wenig an heile Welt, was sicher zum Image der Kette beiträgt.

Løvbjerg gibt es nur in den Städten Jütlands. Der Markt bezeichnet sich selbst als Supermarkt-Discounter und ist spezialisiert auf besondere Lebensmittel wie glutenfreie Produkte oder asiatische Lebensmittel. Außerdem gibt es in Løvbjerg Filialen einen Postschalter.

Bilka ist der Riese unter den Märkten, zumindest was das Sortiment angeht, vergleichbar mit einem Real oder einem Kaufland in Deutschland. „Großes Sortiment, kleine Preise" lautet das Konzept. Im Bilka gibt es alles, auch Kleidung, Elektro- und Haushaltsgeräte, Spielwaren und was man sonst so brauchen könnte. Bilka findet man in etwa 20 mittelgroßen Städten Dänemarks.

Discounter

Weniger Ambiente, aber günstige Preise – dafür stehen auch in Dänemark Lebensmitteldiscounter. Ketten, die man aus Deutschland kennt, bieten oft die selben Eigenmarken.

Netto ist die größte Discounterkette in Dänemark. Etwa 400 Filialen verteilen sich über das ganze Land. Das markante Firmenlogo mit dem schwarzen Terrier auf gelbem Grund zeigt, dass der dänische Netto nichts mit dem gleichnamigen deutschen Netto Markendiscounter zu tun hat. Das Sortiment ist preisgünstig, aber dennoch hochwertig. Viele lokale Delikatessen gehören zum Angebot, vor allem als Sonderwaren in den beliebten „Grabbelkörben" zwischen den Gängen. Seit einigen Jahren gibt es auch in Deutschland Netto-Filialen, die viele dänische Produkte anbieten. Die Netto-Märkte kooperieren mit dem Delikatessenhändler Løgismose, der mit Delikatessen und Feinkost sehr erfolgreich ist und unter anderem zwei Sternerestaurants in Dänemark betreibt. Bei Netto bekommt man Lebensmittel von Løgismose zum kleinen Preis.

Fakta ist die zweitgrößte Discounterkette Dänemarks. Die Märkte erinnern eher an einen großen Supermarkt, weil sie recht ansprechend gestaltet sind, das Preisniveau ist aber ähnlich wie bei Netto oder Aldi. In einigen Städten gibt es kleinere Ableger, die **Fakta Q** heißen, hier bekommt man ausschließlich Lebensmittel.

Rema 1000 ist ein norwegischer Discounter, der in ganz Skandinavien ziemlich schmucklose Filialen am Stadtrand betreibt. Wenn man Einkaufen nicht als Erlebnis sieht, sondern in einem skandinavischen Unternehmen günstig aus einer großen Auswahl mit niedrigen Preisen wählen möchte, ist man bei Rema 1000 genau richtig.

Aldi ist auch in Dänemark sehr verbreitet. Das Sortiment ist teilweise identisch mit dem von Aldi Nord in Deutschland. Da deutsche Urlauber gern bei Aldi einkaufen, findet man die Märkte auch in den Urlaubsorten an der Westküste. Die

Preise für manche Grundnahrungsmittel sind ähnlich wie in Deutschland, aber z.B. Fleisch oder Süßwaren sind auch bei Aldi in Dänemark viel teurer als in deutschen Märkten.

Lidl betreibt in Dänemark Filialen der deutschen Kette mit dem gleichen Logo und identischem Geschäftskonzept und einem vergleichbaren Sortiment. Lidl-Filialen findet man ebenfalls in vielen Urlaubsorten.

Nonfood-Ketten und Biowaren

Natürlich gibt es noch weitere Ketten in Dänemark, zum Beispiel für Möbel, Tierfutter oder Multimedia. Als Urlauber kauft man selten Möbel, doch Drogerieartikel, Bioprodukte oder die schönen, dänischen Haushaltswaren braucht man sicher auch im Urlaub.

Matas ist eine dänische Drogeriemarktkette mit fast 300 Filialen, die neben Drogeriewaren und frei verkäuflichen Arzneiprodukten vor allem hochwertige Kosmetik führt. Die Produkte der Eigenmarke sind sehr günstig und erfreuen sich großer Beliebtheit.

Normal ist ebenfalls ein Drogeriemarkt, der sein Sortiment gar nicht normal präsentiert. Es gibt nur einen Weg durch die Filiale, der an allen Produkten vorbei führt. Die Eigenmarken sind recht günstig und vor der Kasse gibt es immer allerlei Nippes und Süßes.

Imerco ist der größte Filialist mit Geschirr, Haushaltswaren und Dekoartikeln in Dänemark. Eine riesige Auswahl an Küchenutensilien von allen bekannten Marken, formschönes Geschirr, Besteck und passende Tischwäsche erfreuen Liebhaber des skandinavischen Designs.

Auch bei **Kop og Kande** bekommt man die formschönen Haushaltshelfer, die man auch gern daheim benutzen würde. Eine Filiale dieser Haushaltswarenkette gibt es in fast jeder Kleinstadt. Imerco und „Kop og Kande" gibt es oft im gleichen Ort, so kann man die Angebote prima vergleichen.

Wer gern stöbert und Schnäppchen liebt, kommt an **Flying Tiger** nicht vorbei.

Hier gibt es alles, von Socken über Spielzeug bis zu bunten, gern auch überflüssigen Haushaltswaren und Dekoartikeln. Man wird durch ein Labyrinth von Holzregalen geführt und findet hinter jeder Biegung etwas Neues. Ähnlich wie bei Ikea ist der Aufbau immer gleich und am Ende stehen für ganz widerstandsfähige Kunden noch die Süßigkeiten. Darum legt sicher jeder Kunde irgendwas an der Kasse auf den Tresen und freut sich über sein Schnäppchen.

Baumärkte gibt es natürlich auch in Dänemark, dem Land der Sommerhusbesitzer und Gartenfreunde. Die größte Kette heißt **Silvan**. Das blaue Firmenlogo erinnert eher an einen Elektro-Markt, wobei es natürlich auch Elektro-Artikel gibt, neben der Riesenauswahl an Baumaterial, Gartenzubehör und was der Heimwerker sonst so braucht. Silvan findet man vor allem an der Ostküste und auf den großen Inseln. Gleichmäßig verteilt im ganzen Lande sind die Filialen von **Jem og Fix**, der sich „Dänemarks billigster Baumarkt" nennt. Mit dem Slogan „Nicht für Amateure" wirbt **Bygma**. Wer also auch im Urlaub profimäßige Reparaturen selbst durchführen möchte, findet dort bestimmt den richtigen Ansprechpartner. Aber bitte keine eigenmächtigen Umbauten am Ferienhaus vornehmen ;)

OrganicDenmark: Bio-Supermarkt-Ketten gibt es in Dänemark nicht, sondern kleine Einzelhändler und Hofläden mit einem umfangreichen Biosortiment. Auf OrganicDenmark findet man im Internet alle Produzenten und Markennamen von ökologisch produzierten Waren mit Adressen und Beschreibung. Die Seite ist auf Englisch verfasst. Bio heißen in Dänemark übrigens die Kinos, ökologische Lebensmittel heißen hier økologisk.

Die Tierhandlung Fressnapf heißt in Dänemark **MaxiZoo**, hier bekommt man ein vergleichbares Sortiment an Tiernahrung und Zubehör wie in Deutschland.

TIPPS ZUM ESSEN UND EINKAUFEN IN DÄNEMARK

Wer bietet was?
Links zu Öffnungszeiten und Angeboten der Supermärkte und Discounter in Dänemark gibt es hier.

Lebensmittelpreisvergleich Deutschland-Dänemark
Einen aktuellen Lebensmittelpreisvergleich und Tipps von anderen Urlauber findet man hier.

Ferienhausurlaub in den 70ern – eine Liebe für's Leben

Mancher Dänemarkurlauber sehnt sich nach der Zeit zurück, in der ein Sommerhaus noch nach Holz roch, die Stockbetten viel zu kurz waren und man dem Hausbesitzer ein Pfund Kaffee oder eine Flasche Schnaps mitbrachte. Aber wie war das eigentlich damals, als Dänemark als Reiseland entdeckt wurde?

Urlaub buchen war Vertrauenssache

Langjährige Dänemarkurlauber werden sich noch gut an die Zeit erinnern, als es kein Internet gab und man im Sommer drei bis vier Wochen verreisen konnte – raus aus dem Alltag, hinein in die Unbeschwertheit. Die Rede ist von den **1970er Jahren**, als die Deutschen Dänemarks schöne Küsten als ♥ Urlaubsparadies entdeckten.

Die Sehnsucht nach unverbautem Strand und Meer in erreichbarer Nähe, zumindest für Norddeutsche, konnte das kleine Königreich im Norden gut bedienen. Ein Urlaub in einem Ferienhaus, in dem man sich selbst versorgte und keine Kurtaxe gezahlt werden musste, kam besonders ♥ Familien mit Kindern entgegen. Hotels waren teuer und nicht jeder hatte einen Wohnwagen oder mochte im Zelt auf der Luftmatratze schlafen! Und auch die Dänen waren sicher froh, dass sie mit ihren Sommerhuse ein bisschen dazu verdienten. Die ♥ Geschichte des Ferienhauses begann in Dänemark mit dem wachsenden Wohlstand zu Beginn der 1960er Jahre, als sich auch Menschen mit kleinem Einkommen ein eigenes Haus leisten konnten – und wenn es nur ein winziges Holzhaus am Meer war!

Aber wie buchte man ein Ferienhaus ohne Internet? Ohne vorher genauestens über die Ausstattung, die Lage, die Größe der Betten oder die Entfernung zum nächsten Bäcker informiert zu sein? Mit Vertrauen, so kann man wohl die Grundvoraussetzung für eine Reservierung am besten beschreiben.
Entweder kannte man jemanden, der einen Dänen kannte, oder man las in der ♥ Zeitung einen Zweizeiler: Sommerhaus zu vermieten, Søren Hansen und eine Adresse irgendwo im Land. Auch ein Brief an einen ♥ købmand vor Ort mit der Bitte um Vorschläge war möglich, denn die kleinen Läden hatten schon früh neben Brötchen und Postkarten auch eine Ferienhausvermittlung im Angebot.

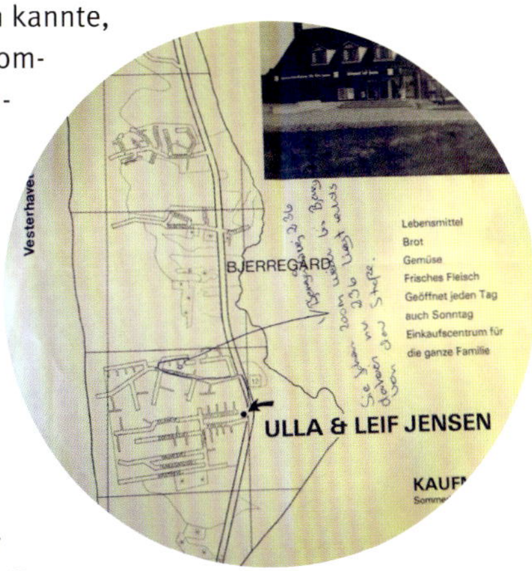

Wenn man Glück hatte, bekam man einige Fotos geschickt, die man aber wieder zurücksenden sollte. Manchmal gab es auch nur einen ♥ handgemalten Plan mit der Adresse und dem Wunsch, ein bisschen Miete anzuzahlen (gern per Post) und den Rest nebst einiger Naturalien wie Kaffee, Zigaretten oder Alkohol vor Ort zu übergeben. Hatte man einmal seinen Vermieter und ein schönes Häuschen gefunden, fuhr man jedes Jahr im Sommer wieder dorthin – bis der Vermieter sein Haus verkaufte oder man einen anderen Dänen kennenlernte, dessen Haus größer war oder näher am Meer stand.

Eine andere Möglichkeit war es, einfach loszufahren und vor Ort am schwarzen Brett nach einer Telefonnummer oder Adresse zu schauen. Irgendwas war immer frei. Später gab es dann kleine Büros der großen Anbieter direkt hinter der Grenze, wo man eine Auswahl freier Häuser bekam. Gab es nichts auf **Rømø**, fuhr man halt nach **Vejers** oder **Bjerregård**. ♥ Hauptsache Strand!

Kleine Kataloge wurden erst in den 80ern modern, aber auch diese sollte man am besten wieder zurücksenden. Für's Altpapier war so ein teures Druckwerk zu schade. In den frühen 90er Jahren wurden von den überregionalen Anbietern wie **Sol og Strand** oder **Dancenter** dicke Kataloge aufgelegt mit Hunderten von Ferienhäusern.

Die ♥ Kataloge lagen in Reisebüros oder in den Supermärkten nah der Grenze aus. Spätestens zu Weihnachten saß man dann daheim auf dem Sofa, um mit wachsender Vorfreude alles genau zu studieren und per Telefon oder auch im Reisebüro seines Vertrauens zu buchen. Die kleineren, lokalen Anbieter verteilten ihre Kataloge direkt vor Ort, hier konnte man per Postkarte bestellen.

Aber zurück zu den 70ern, wo das ♥ Vertrauen zu „seiner" dänischen Familie die Grundvoraussetzung für einen Ferienhausurlaub war – man wusste ja bei der ersten Reise eigentlich nichts über die Gastgeber oder das Haus und auch nicht allzu viel über das Land. Aber auch die Gastgeber mussten vertrauen, die Schlüssel lagen in der Regel unter der Fußmatte oder steckten einfach in der Tür. Kaution oder ein Haftpflichtversicherung gab es nicht. Dänen vertrauen sich und ihren Gästen, daran hat sich bis heute nichts verändert. Auf kleinen Inseln und in abgelegenen Orten liegen die Schlüssel nach wie vor unter der Fußmatte.

Enttäuschungen waren aber eher selten, denn so ein dänisches ♥ Sommerhaus in den Dünen war einfach zu schön! Außerdem wurden die Häuser zum Teil auch gerade erst gebaut und von ihren Besitzern selbst liebevoll gehegt und gepflegt. Aus diesen Tauschgeschäften – Ferienhaus gegen Miete – entstand auch so manch' dauerhafte, deutsch-dänische Freundschaft.

Postversand und Schreibmaschine

Fremdenverkehrsvereine gab es auch in Dänemark. **VisitDenmark** verteilte schon in den 70er Jahre bunte Prospekte auf Deutsch, die den Gästen das wundervolle **Kopenhagen** oder die Schönheit der Jammerbucht nahebringen sollten. Die lustigen Bilder des Illustrators ♥ Ib Antoni, mit denen das Land und viele dänische Produkte damals beworben wurden, wecken bei vielen Urlaubern sicher Kindheitserinnerungen.

Auch ein Ferienhaus vermittelten die ♥ lokalen Fremdenverkehrsbüros vor Ort oder aber die kleinen Läden vor Ort, købmand genannt. Nicht jeder Hausbesitzer konnte Deutsch und kaum ein Deutscher sprach damals (wie heute!) Dänisch,

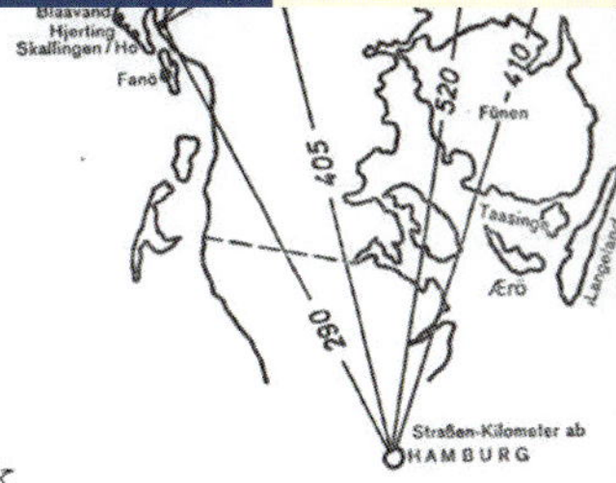

Østervraa, den 10.2.72

Betr. Mietung eines Sommerhauses in Dänemark

Sehr geehrter Herr Denker,

Wir bestätigen Ihnen die Mietung des Hauses:
"Kito"
für die Zeit vom: 5.8 bis 26.8
und übersenden Ihnen den Mietvertrag.

auch Englisch war noch nicht in aller Munde. So war es für beide Seiten praktisch, wenn jemand die Vermittlung übernahm.

Man setzte sich also zu Beginn des Jahres an den Schreibtisch, tippte einen Brief nach Dänemark und bat um Angebote. Die Adressen fand man in den ♥ Reiseannoncen der großen deutschen Sonntagszeitungen. Für den ♥ Postversand musste man pro Strecke schon eine knappe Woche einplanen. Das dänische Büro suchte einige geeignete Objekte heraus und schrieb, ebenfalls mit der Schreibmaschine, einen ausführlichen Brief zurück. So konnte es einige Male hin- und hergehen, bis sich Büro und Urlauber auf ein Haus geeinigt hatten.

Dann kam endlich ♥ der ersehnte Mietvertrag! Per Brief natürlich. Diesen schickte man unterschrieben zurück, überwies die Anzahlung und wartete auf die Einzahlungsquittung aus Dänemark. Nach vier - sechs Wochen war der Urlaub endlich verbindlich gebucht. Jetzt musste man nur hoffen, dass das Büro auch wirklich ein gemütliches Haus vorgeschlagen hatte. Wie schön einfach ist die Urlaubsplanung doch heutzutage! Nur die spannenden Briefe mit den tollen, bunten Marken aus Dänemark werden einige Urlauber heute wohl ein wenig vermissen.

Als der Kühlschrank noch ein Keller war

Die Frage nach der ♥ Ausstattung eines Ferienhauses ist heute ein wichtiges Kriterium bei der Urlaubsplanung: Whirlpool, Geschirrspüler, mehrere Doppelbetten und im Winter ein Energiesparhaus sind heute viel gefragte Merkmale, die man mit nur einem Klick auswählt. Der Komfort, den man sich im Ferienhaus

wünscht, soll oft größer sein als zu Hause. Schließlich will man sich in den besten Wochen des Jahres etwas gönnen!

Vor 50 Jahren gönnte man sich natürlich auch etwas: Urlaub am Meer, Freiheit von den Verpflichtungen des Alltags, Unbeschwertheit und gute Luft. Letzteres war besonders für Familien mit Kindern ein Kriterium, denn nichts half (und hilft) bei Asthma, Bronchitis oder auch Hautproblemen besser, als das Reizklima der Küste.

♥ Freiheit und Unbeschwertheit bot ein Dänemarkurlaub ebenfalls, denn umzäunte Grundstücke, gepflasterte Uferpromenaden oder die Kleiderordnung einer Hotelanlage sind und waren hier ein Fremdwort. Die Frage nach einem umzäunten Grundstück für den Urlaub mit Hund kam zu Beginn der 70er Jahre eh nicht auf, denn Hunde durften erst nach einer sechswöchigen Quarantäne mitgebracht werden. So lange wollte vor dem Urlaub niemand auf seinen Hund verzichten!

Die Ferienhausdichte in den Dünen war längst nicht so hoch wie heute. Wer ♥ alte Postkarten von beliebten Orten wie **Henne**, **Blåvand** oder **Løkken** sieht, wird im Vergleich zu heute kaum etwas wiedererkennen. Die Ferienhäuser waren klein, aber die Grundstücke riesig!

Ob die Heidefläche ums Haus oder die nächste, unbebaute Düne noch zum Grundstück gehörte oder nicht, war eigentlich auch egal. Dem Nachbarn auf den Campingtisch schauen konnte man jedenfalls eher selten. Auch am Strand fand jeder Gast seine eigene Mulde in den Dünen – die Insel **Fanø** warb sogar mit dem Slogan „Jedem Gast seine Düne". Dort baute man seinen Windschutz auf, verstaute die Kühlkiste unter einer Decke und streckte sich auf dem Handtuch aus – Urlauuub!

Dass es keine Strandkörbe gab, muss einige Urlauber damals überrascht haben. In einem alten ♥ Merkblatt für Sommergäste ist zu lesen, dass es ratsam sei, große Badetücher mitzubringen. Badebekleidung hatte man selbstverständlich im Gepäck, obwohl man diese nicht unbedingt brauchte. Die Auswahl an ♥ FKK-Stränden war im freizügigen Norden ziemlich groß, sie waren sogar offiziell als solche ausgeschildert.

Die ♥ Ausstattung eines Sommerhauses war eigentlich gar kein Thema. Im Haus gab es eine Toilette, duschen musste man draußen hinter einer Bretterwand auf der Terrasse – kalt, natürlich. Ganz luxuriöse Häuser hatten einen Boiler und einen Schlauch mit Brause am Waschbecken, mit dem man sich mitten im kleinen Bad auch warm duschen konnte. Anschließend wurde das Bad dann mit einem Lappen wieder trocken gelegt.

Kleiderschränke gab es nicht, höchstens ein paar Wandhaken in den winzigen Schlafzimmern. Möglichst viele Betten auf kleinstem Raum waren wichtiger als ein Schrank. Man hatte eh damals nicht so viel Gepäck dabei. Wechselgarderobe, um mal auszugehen, war auch nicht notwendig, denn Restaurants oder ein Café am Strand gab es bestenfalls in den Städten, aber nicht in den Dünen. Wer am Holmsland Klit essen gehen wollte, konnte in einer røgeri ein Stück Räucherfisch bekommen. In den wenigen Badehotels an der Küste gab es zwar auch Restaurants, aber wer konnte und wollte sich die hohen Preise schon leisten! Ein Dänemarkurlaub war ja eher eine ♥ preiswerte Alternative, Urlaub am Meer zu machen.

Also wurde im Ferienhaus gekocht. Eine voll ausgestattete Küche mit Herd und Kochtöpfen gab es selbstverständlich. Auch Gewürze, Filtertüten und vielleicht noch eine Tüte Nudeln fand man vor, denn die Hausbesitzer nutzten ihre Häuser ja alle selber, wenn gerade kein Gast zu Besuch war. Hatte das Haus noch keinen Stromanschluss, wurde der Herd mit einer Gasflasche befeuert und zur abendlichen Beleuchtung eine Kerze entzündet – aber nur, wenn es gemütlich werden sollte. ♥ Petroleumlampen gab es ebenfalls und in den meisten Häusern auch recht bald Strom für die Beleuchtung.

Statt Kühlschrank verbarg eine ♥ Klappe im Küchenboden den kleinen Vorratsraum, für den der Eiswagen ab und an Eisblöcke lieferte, besonders, wenn es mal so richtig heiß war. Die Lebensmittelpreise waren damals niedrig. In den frühen 70ern war Dänemark ein armes Land, besonders an der ♥ strukturschwachen Westküste. Gemüse kaufte man am Straßenstand, Fisch in der røgeri und alles andere beim købmand in der nächsten Kleinstadt. Nur Alkohol und Zigaretten waren enorm teuer, das „schmuggelte" man bei Bedarf unter dem Fahrersitz mit, auch als gern gesehenes Gastgeschenk für den Vermieter. Erlaubt waren nur die üblichen Freigrenzen von 200 Zigaretten pro Person und eine Flasche Alkohol.

Bettwäsche und Handtücher musste man schon damals mitbringen und dass man am Ende des Urlaubs ein paar Stunden zum Putzen benötigte, war auch selbstverständlich. Solche Extras als buchbare Serviceleistung kamen erst mit der Gründung von Ferienhausagenturen in Mode.

Geheizt wurde mit dem ♥ Kaminofen, Elektroheizkörper gab es zunächst in kaum einem Haus. Der Ofen stand im Wohnzimmer und war groß genug, um ein Häuschen mit 70 - 80 m² Fläche schnell warm zu bekommen. Zum Bad und zu den Schlafzimmern ließ man die Tür offen, wenn man es auch dort ein wenig warm haben wollte. Im richtig kalten Winter wurden die Häuser gar nicht vermietet, denn das Risiko eines eingefrorenen Wasseranschlusses oder völlig verschneiter Zufahrten wollte man nicht eingehen.

Gartenmöbel gab es zwar, aber so einen Luxus wie Sonnenliegen oder Polster erwartete niemand. Die typischen Picknicktische mit angeschraubten Bänken oder ein paar ♥ Campingstühle und ein Klapptisch reichten völlig für den gemütlichen Grillabend. Und die überaus beliebten, farbenfrohen Luftmatratzen hatte man sowieso dabei, auch wenn das Treibenlassen auf der Nordsee schon damals ziemlich gefährlich war.

Damals hatten die meisten Ferienhäuser einen Namen, der auf handgemalten Schildern über der Tür zu lesen war. Und so freute man sich schon auf den nächsten Sommer in Hansens oder Birthes Hus!

Der ♥ Bauboom in den 70ern verführte auch viele Hobby-Handwerker dazu, sich im Häuschen bauen zu versuchen, unabhängig von den persönlichen Kenntnissen in dieser Branche. Damit die Qualität der Häuser zumindest sicherheitsrelevante Standards erfüllte, ließ die dänische Regierung einen Comic produzieren, der vor einem leichtfertigen „godt nok"-, zu Deutsch etwa „passt schon", warnte. Als Antwort darauf nannten einige Hausbesitzer ihr Sommerhus denn auch „Godt nok". Ob die deutschen Gäste wussten, was das eigentlich bedeutet, ist nicht überliefert ;)

Auszeit oder Ausflugszeit?

Wer drei Wochen Urlaub in Dänemark verbrachte, erwischte auch den ein oder anderen Tag mit grauem Himmel, den man nicht unbedingt am Strand verbringen wollte. Für diesen Fall hatte man eine Auswahl an ♥ Gesellschaftsspielen, ein paar Bücher und gern auch eine ♥ Handarbeit dabei. Textile Handarbeiten waren in Dänemark schon damals beliebt, selbst heute ist die Dichte an Wollläden wesentlich höher als in Deutschland! Eine dänische Spezialität war die Stickerei der ♥ Haandarbejdets Fremme, ein Verein zur Förderung feinster Kreuzsticharbeiten, für die sich Frau damals in Dänemark mit einem Jahresvorrat an Garn und Mustern eindecken konnte.

Die Herren schätzten eher den ♥ dänischen Pfeifentabak oder fachsimpelten mit den Fischern über ihre Fangmethoden und die Tücken der Dieselmotoren. Die ♥ Fischauktionen in den Hafenstädten oder an den Landungsplätzen wurden damals noch nicht als Touristenattraktion aufbereitet, aber als Gast war man herzlich willkommen. Einige Brocken Dänisch musste man beherrschen, denn Deutsch war als Sprache kaum verbreitet. Auch Englisch war noch nicht so üblich. Wer zum Beispiel „Guten Tag" sagte, musste irritierte Blick in Kauf nehmen, denn tak (danke) sagte man in Dänemark nicht zur Begrüßung!

Spannend waren die ♥ typisch dänischen Ausflugsziele zum Thema Wikinger, die einsamen Leuchttürme an der Küste oder die historischen Innenstädte von Ribe oder Aalborg. Die Jammerbucht zwischen Løkken und Blokhus war in den 70ern für Urlauber schon recht gut erschlossen. Hier gab es bereits einen Freizeitpark, eine Schwimmhalle und viele Restaurants, selbst Rundflüge über die Küste konnte man buchen. Am Holmsland Klit dagegen war **Hvide Sande** der einzige Ort, in dem es etwas anderes als Sand und Heide gab. **Henne** und **Blåvand** boten bereits ein wenig Abwechslung, **Søndervig** wurde erst Jahre später überhaupt zu einem Ort umgebaut.

Der Urlaub am Ringkøbing Fjord war daher recht preiswert, hier gab es kaum etwas, wofür man Geld ausgeben konnte! Also besuchte man die höchsten Berge der Region, um die Aussicht zu genießen. Im flachen Dänemark ist ja schon der **Blåbjerg**, eine Düne von 60 Metern Höhe, eine Attraktion, daran hat sich bis heute nichts geändert. Einen Bummel durch die pittoresken Gassen von Ringkøbing und Varde gab es ebenfalls umsonst. Geld ausgeben konnte man allerdings für Schmuckstücke aus den Kerzenmanufakturen oder für rustikale Keramik, beides war als Souvenir sehr beliebt.

Und was machte man als ♥ Jugendlicher in Dänemark, bevor es Internet gab? Wir haben Kronkorken gesammelt – bunte Flaschendeckel, die überall zu finden waren. Etwas geschäftstüchtigere Kinder ♥ sammelten Pfandflaschen und kauften sich vom Erlös Eis und Lakritze. Der Blick für ausgefallene Kronkorken und Pfandflaschen im Gebüsch ist übrigens etwas, was man nie mehr verliert!

Gespielt wurde natürlich auch. Kartenspiele konnte man mit in die Dünen nehmen, Brettspiele bewährten sich im Ferienhaus und Boccia oder ein bunter Drachen am Strand. Kreative Naturen bastelten Kunstwerke oder Spiele aus allerlei Treibgut oder verzierten Einweggläser mit ♥ Muscheln und schönen Steinen, um sie dann als Vase für getrockneten Strandhafer zu verwenden. Langweilig war es jedenfalls nie, sonst würde wir ja nicht heute immer noch alle begeistert gen Norden reisen.

Sehnsucht nach der guten, alten Zeit

Heute sind die Ferienhausgebiete wesentlich dichter bebaut als damals und auch die touristische Infrastruktur hat sich enorm verändert. Dünen wurde verschoben oder befestigt, große Supermärkte, Sportanlagen, Restaurants oder Imbissbuden bestimmen nun die Zentren der Urlaubsorte entlang der Westküste. Auch die Ausstattung der Häuser hat sich verändert. Ein Whirlpool, Schlafzimmer mit Schränken und großen Doppelbetten, Spülmaschine, Wäschetrockner und jede Menge Unterhaltungselektronik sind eine Selbstverständlichkeit geworden.

Einiges ist aber auch verloren gegangen: Der individuelle Charme eines Ferienhauses und die persönliche Note des Besitzers sucht man gerade in den Touristenzentren oft vergeblich. Doch es gibt sie noch, die ♥ guten alten Sommerhuse! Oben im Norden, nördlich von Hirtshals und auch an der Ostseeküste ist die Auswahl an **Retro-Häusern**, die nicht mit Laminat und Ikeamöbeln zu einem Massenprodukt umgebaut wurden, wesentlich größer als an der südlichen Westküste. Wer

also nach einem Holzhaus sucht und lieber alte Möbel mag, kann das Merkmal ♥ Retrohaus direkt bei der Suche auf **fejo.dk** anklicken.

Auf das Internet muss man auch in einem alten, gemütlichen Haus nicht verzichten, etwa die Hälfte dieser Häuser bietet einen Internetanschluss, in der Regel W-Lan.

Nur bei der Größe des Warmwasserspeichers und der Betten muss man Abstriche in Kauf nehmen. Gerade die damals verbreiteten Kojen oder die selbstgebaute Etagenbetten sind nur 180 cm lang und recht schmal. Auch deutsche TV-Programme bekommt man nicht immer. Dafür eine gemütliche Einrichtung, die nicht von einem neu verlegten Laminat zunichte gemacht wurde und natürlich einen schönen Kaminofen, der es gemütlich warm hält.

Viele dieser alten Ferienhäuser bekommen auch heute noch von den Gästen ♥ positive Bewertungen. Alt kann ebenso top sein – und manchmal sogar eine Spur gemütlicher als ein neu erbautes Ferienhaus!

TIPPS ZUM URLAUB IM RETRO-FERIENHAUS

Weitere Fotos von Urlauben in den 70ern und Tipps für den Urlaub in einem Retrohaus gibt es online.

Hygge Feierabend in Kopenhagen

Hygge – das Glück, das man nicht kaufen kann

Warum ist das dänische Wort Hygge plötzlich in aller Munde, füllt Bücherregale, bunte Magazinseiten und ist selbst den großen Tageszeitungen in Deutschland einen Artikel wert? Unterscheidet sich Hygge von anderen Lifestyle-Trends, an die sich heute niemand mehr erinnert? Immerhin ist Hygge in Dänemark bereits seit dem 18. Jahrhundert ein feststehender Begriff, der dort ständig und bei jeder Gelegenheit benutzt wird.

Hygge – mehr als nur ein Wort

Seit ich über Dänemark schreibe, verwende ich das Wort **Hygge** oder hyggelig immer mal wieder, wenn mir etwas besonders gut gefällt oder es mir besonders dänisch erscheint. Bisher war es für mich nur ein ausländisches Wort, ähnlich wie cool oder vis-à-vis. Doch aus dänischer Sicht steckt noch viel mehr dahinter, wofür sich nun auch die ausländischen Medien interessieren. Auf meinem Schreibtisch liegen derzeit vier neue Bücher zu diesem Thema, aber das ist nur eine kleine Auswahl!

Die Autoren sind Dänen oder Norweger, aber auch englische Autoren und Autorinnen scheinen sich in Hygge verliebt zu haben. Vielleicht, weil es im Englischen den Begriff to hug sb. gibt, jemanden umarmen. Hygge ist etwas, das die Menschen umarmt, mit Wärme, Wohlgefallen, Freundschaft und Nähe.

In schwierigen Zeiten verspüren Menschen Sehnsucht nach Schokolade und Vanilleduft. Nach dem Anschlag auf das World Trade Center soll der Umsatz von Duftkerzen und Schaumbäder mit diesen Aromen sprungartig in die Höhe geschnellt sein. Wen wundert es da noch, dass ♥ Meik Wiking, der Autor der Buches „Hygge, ein Lebensgefühl, das glücklich macht", heißen Kakao und Kerzen zu seinem Lieblings-hygge-Accessoire erklärt? Meik Wiking ist übrigens kein Esoteriker, sondern ein dänischer Wirtschafts- und Politikwissenschaftler, der an mehreren Instituten zum Thema ♥ Glücksforschung arbeitet.

Glücksforscher und Autor

Das Besondere am dänischen Design – hochwertiges Material, zeitlose Formen und warme Farben – hat auch etwas mit dem Wunsch nach Harmonie und Wohlfühlen zu tun, ebenso wie die Liebe der Dänen zur Natur. Doch Hygge ist weit mehr als exotische Leckereien und die richtige Auswahl an Möbeln und Dekomaterial. Es ist das Besinnen auf die inneren Werte, der ♥ Rückzug ins Private, weg vom stressigen Alltag im Berufsleben oder auch dem Wirrwarr der weltpolitischen Ereignisse, um Kraft für den nächsten Tag zu sammeln.

Hygge in den eigenen vier Wänden

Man kann auch alleine Hygge genießen, doch ebenso wichtig ist es, sich mit Freunden und Familie zu treffen, um zu essen, zu trinken und zu plaudern. Schwerwiegende Themen wie Politik oder Rechthaberei sind dabei nicht gefragt. Alle sind gleichberechtigt, keiner soll sich in den Vordergrund stellen, kontroverse Themen sind tabu. Man hat vor allem ein gemeinsames Ziel: Eine schöne Zeit miteinander zu verleben.

Nun könnte man natürlich sagen, dass das nicht nur ein dänischer Wunsch ist. Offenbar gelingt es den Dänen aber besonders gut, diesen Zustand zu erreichen. Und sie erreichen ihn auch sehr gut alleine. Ein Däne, der allein einen großen Becher Schokoladeneis vertilgt, isst nicht etwa aus Frust, sondern er genießt den süßen Augenblick! Wobei auch Sport zum hyggeligen Leben gehört. Die überschüssigen Kalorien sind für die meist recht sportlichen Dänen kein allzu schweres Problem.

Kann man „hygge" übersetzen?

Der Begriff Hygge stammt ursprünglich aus dem Norwegischen. Er steht für ♥ Geborgenheit, man selbst sein zu können und sich beschützt zu fühlen. Nach dem Sprachforscher Ole Lauridsen beschreibt das Wort dabei den Geisteszustand und die Qualität des Zusammenseins, bei dem ganz bewusst nichts und niemand bewertet werden soll.

Auch andere Länder haben ein Wort, dass einen ähnlichen Zustand beschreibt: Gemütlichkeit ist ein typisch deutsches Wort, die Kanadier sagen homeyness. Die Norweger nennen diesen Zustand übrigens koselig – auch wenn das Wort Hygge ursprünglich aus dem Norwegischen kommt.

Wissenschaftliche Forschung zum Thema Hygge

Doch nur die Dänen betrachten „ihren" Begriff Hygge als ♥ Teil der nationalen Identität und verwenden ihn auf fast inflationärer Weise in allen Lebenslagen. Es gibt sogar einen Wissenschaftler mit einem Lehrstuhl an der Universität Odense, der das Thema Hygge erforscht und lehrt: ♥ Jeppe Trolle Linnet. „Money can't buy me Hygge" heißt seine Arbeit, in dem er die gesellschaftliche Funktion von Hygge in nordischen Ländern analysiert. Seine Erkenntnisse haben auch einen kritischen Aspekt, aber im Alltagsleben überwiegt die positive Assoziation mit dem Begriff.

Man verwendet Hygge als Abschiedsgruß: „hyg dig!", wenn man sich einfach nur so mal treffen möchte, sagt man gerne „vi skal bare hygge os!" (wir werden einfach nur „hyggen"). Trifft man sich auf ein Bier, nimmt man „en hygge-bajer", die geliebten Süßwaren heißen es „hygge-slik" und „hygge-kage". Das Gegenteil von hyggelig gibt es übrigens nicht, uhyggelig heißt nicht etwa ungemütlich, sondern gruselig.

Das Glück liegt in den Genen

Hygge ist nicht der einzige Grund, warum die Dänen als das ♥ glücklichste Volk der Welt bezeichnet werden. Doch dass es einen gesellschaftlichen Konsens gibt, den Widrigkeiten des Lebens etwas Positives entgegenzusetzen und daran gemeinsam festzuhalten, ist vielleicht die Grundvoraussetzung für das alltägliche Glücksempfinden. Der Glücksforscher Meik Wiking sagt dazu: „Hygge gibt uns die Sprache, die Ziele und die Möglichkeiten, Glück zu planen und zu bewahren – und jeden Tag ein bisschen davon zu bekommen."

Wie empfinden Dänen hygge?

Dazu habe ich meine Kollegin Christel gefragt. Sie ist waschechte Dänin und daher Fachfrau auf diesem Gebiet. Sie sagt: „Als Dänin fällt es mir tatsächlich schwer, zu erklären oder beschreiben, was wir damit verbinden und meinen. Das Wort – oder der Begriff – mit all seinen Facetten durchzieht die Alltagssprache dermaßen, dass wir uns nicht mehr wirklich bewusst sind, dass es unter Umständen eine Besonderheit unserer Sprache und zugleich unseres Daseins ist.

Macht man eine Umfrage, bekommt man viele unterschiedliche Antworten: Hygge ist ♥ hochgradig individuell und daher wird auch sehr unterschiedlich wahrgenommen und beschrieben, was hygge ist. Gemeinsamer Nenner ist Geborgenheit und Harmonie. Hygge geht übrigens auch alleine. Man kann sich damit hyggen, Angenehmes wahrzunehmen oder zu beobachten, hygge kann sein, ein Buch zu lesen und hygge kann ebenso sein, ein Bier zusammen zu trinken, zusammen zu kochen oder einen Film zu schauen.

Jedem sein eigenes Hygge

In meiner Familie steht Hygge immer im ♥ Zusammenhang mit Essen. Wenn wir nicht über Essen reden oder das nächste Essen planen, dann kochen wir bestimmt schon. Oft hat jeder eine Idee und bringt sie ein. Die Freude am Essen und das Kochen als hyggelig und etwas Meditatives zu empfinden, ist sicherlich eine Prägung aus der Kindheit.

Gemeinsam speisen ist sehr hygge

Schon als ich Kind war, durften meine Schwestern und ich mitmachen, selbst mein Vater hat gerne mal einen Kuchen gebacken und mit uns gekocht. Beim Kochen kehrt bei uns Ruhe ein, es kommen die besten Gespräche auf, Erinnerungen haben Platz und das ist Hygge pur."

Es müssen nicht unbedingt Kerzen und Kamin vorhanden sein, damit Hygge entsteht, die meisten Dänen, würden dennoch angezündete Kerzen und den brennenden ♥ Kaminofen sofort mit Hygge verbinden. Und ganz sicher würde kein Däne sein Heim mit Neonröhren oder LED-Beleuchtung erhellen, das ist sogar in Büroetagen verpönt! Die Beleuchtung muss warm und blendfrei sein, so wie die berühmten PH-Leuchten, die zu Beginn der Elektrifizierung in den 1920er Jahren genau zu diesem Zwecke entwickelt wurden und noch heute in fast jedem dänischen Haushalt zu finden sind.

Hyggezubehör Nr. 1

Hygge – im Urlaub ist's am schönsten

Nichts tun und Kuchen essen – wo ginge das besser als im Urlaub! Wie fühlt es sich an, wenn man als Deutscher nach Dänemark reist. Fühlt man Hygge? Sieht man Hygge? Ist man womöglich selber hyggeliger? Für viele Urlauber ist allein der Anblick des geliebten Landes, die vertraute ♥ Dünenlandschaft, ein bestimmtes Haus oder die ♥ Weite des Meeres hygge. Aber auch die kleinen Gassen, die entzückenden Geschäfte und die leckeren Kuchen werden als Teil des ♥ Urlaubs-Hygge empfunden. Und damit es auch im Ferienhaus gemütlich ist, nimmt man eine Kuscheldecke und schöne Tischdecken mit, zündet eine Kerze an und stellt frische gepflückte Blumen auf den Ferienhaustisch.

Hygge für zuhause

Für die Zeit zwischen den Urlauben haben wir ein paar **Buchempfehlungen**, nur zu lesen in einer hyggeligen Ecke mit Wienerbrød und heißem Tee, Kerzenlicht und warmen Füßen:

Meik Wiking: **Hygge – Ein Lebensgefühl, das einfach glücklich macht**. Bastei Lübbe 2016

Louisa Thomsen Brits: **Hygge: Die dänische Art, glücklich zu leben**. Mosaik 2017

Helen Russel: **Hygg Hygg Hurra! Glücklich wie die Dänen**. Fischer 2017

Charlotte Abrahams: **Hygge – a celebration of simple pleasures** (Englisch). Trapeze 2016

Signe Johansen: **How To Hygge** (Kochbuch, Englisch). Bluebird 2016

Diese Bücher sind allesamt wunderschön, mit liebevoll gestalteten Buchcovern und ansprechenden Fotos. Spannend zu lesen sind sie ebenfalls. Es fühlt sich ein bisschen so an, als wenn man bei Youtube Katzenvideos schaut. Doch will man deshalb eine Katze haben?

Für mich steht fest: ♥ Echt hyggelig ist es nur in Dänemark. Ein Ferienhaus im dänischen Stil, ohne Laminat und schwarze Ledermöbel, ein kleines Café mit hausgebackenem Kuchen, ein Boutique mit skandinavischem Design und ein Mittagessen mit meinen dänischen Kollegen reicht, um ♥ mein persönliches Wohlfühlkonto bis zum nächsten Dänemarkurlaub aufzuladen!

Hygge = Dänemark

HYGGE – SO RICHTIG FÜHLT MAN ES NUR IM URLAUB

Links zu hyggeligen Lokalen, Vorschläge zum Weiterlesen und noch mehr Bilder gibt es hier.

Mein liebstes Urlaubsland? Dänemark!!!

Mein Herz schlägt für Dänemark, und es schlug immer lauter, je mehr ich von diesem schönen Land erleben durfte. Alles begann für mich 1975 auf einem Campingplatz in Henne Strand und so lag es nahe, mit meiner Trilogie an den Stränden der Nordsee zu beginnen:

Band I – Dänemark für Einsteiger beschreibt die beliebtesten Urlaubsregionen an der Nordseeküste, wo Dünen, Sand und Wellen die Landschaft bestimmen und die südlichen Ostseeküsten und -inseln. Hier wurden schon viele Herzen an Dänemark verloren!

Band II – Dänemark für Kenner entwickelte sich aus meinen Urlauben und Dienstreisen an die nördliche Ostseeküste, meinen Besuchen an Limfjord, Mariager Fjord und dem Seenhochland und nicht zuletzt durch meine Begeisterung für dänische Inseln, angefangen vom kleinen Venø im Limfjord bis hin zur größten aller Inseln, Seeland. Überall gibt es tolle Ferienhäuser. Gerade für Individualisten ist dieses Buch ein guter Ratgeber. Wer „urdänisch" wohnen möchte, findet im Band II viele Anregungen.

Band III – Dänemark für Genießer ist ein Reisehandbuch, das sich nicht nur an Ferienhausurlauber richtet. Umfangreiche Tipps für die Städte Aarhus, Aalborg und besonders Kopenhagen machen bestimmt auch Lust auf einen Städtetrip in diese dänischen Metropolen. Und weil Genuss auf drei dänischen Inseln besonders großgeschrieben wird, habe ich Samsø, Læsø und Bornholm ebenfalls in diesem Band ausführlich gewürdigt.

Nützliche Links

Ferienhäuser, die Artikel aus dem Buch in voller Länge und noch mehr Informationen zu Land und Leuten
fejo.dk

Offizielle Website für Dänemark, auch auf Deutsch
denmark.dk

Touristeninformation Visit Denmark
visitdenmark.de

Dänische Botschaft in Deutschland (Einreisebestimmungen, auch mit Haustieren u.v.m.)
tyskland.um.dk

Einreiseinformationen des deutschen Auswärtigen Amtes
auswaertiges-amt.de

Dänische Wörterbücher
dänisch.de

Offizielle Wetterberichte vom Dänischen Meteorologischen Institut
dmi.dk

Verkehrsinformationen für Dänemark (Trafikinfo)
vejdirektoratet.dk

Fahrplanauskunft mit Routenplan zum Ausdrucken für alle öffentlichen Verkehrsmittel inkl. Fußwegen
rejseplanen.dk

Dänische Gelbe Seiten für die Suche nach Ärzten oder Geschäften, auch als Routenplaner mit sehr guten Satellitenbildern
degulesider.dk

Ärztlicher Bereitschaftsdienst
laegevagten.dk

Feuerwehr Notrufnummer
landesweit 112

Polizei Notrufnummer
landesweit 114

Informationen über Dänemark, speziell für Kinder
kids.denmark.dk

Naturerlebnisse, Wanderwege, Naturparks
naturstyrelsen.dk

Angeln in Dänemark
angeln-in-daenemark.de

Surfspots in Dänemark
surfspot.de

Hotspots in Dänemark
openwifi.dk

Videos von Dänemark aus der Luft
von-oben.dk

Urlaubervideos aus Dänemark
youtube.com/fejovideo

Facebookgruppen zum Thema Dänemark mit privaten Fotos, Reisetipps und Empfehlungen
herzensland.com
daenemarkherzen.de

Dänische Produkte, Reiseführer, Sprachführer und vieles mehr
www.dänemark.shop

Danke für eure Hilfe!

Dänemark für Kenner – völlig unbescheiden würde ich mich als Kennerin des Urlaubslandes Dänemark bezeichnen, aber ohne Hilfe meiner Kolleginnen und Kollegen, ohne die tatkräftige Unterstützung unserer Kunden und ohne das konstruktive Feedback meiner Familie wäre dieses Buch wohl nur halb so dick geworden. Allein die vielen Fotos, die ich verwenden durfte, machen das Buch erst richtig schön!

Da meine Liebe zur Ostsee schon länger glimmt, freue ich mich besonders über den Artikel von Eva Petersen, die auf einer Dienstreise nach Seeland entdeckt hat, dass sich nicht nur die Jammerbucht als Urlaubsort lohnt!

Für das Layout, das sich schon im Band I bewährt hat, danke ich Sina und Nils. Wenn sich in den Texten Fehler verstecken, liegt es ganz sicher nicht an den fleißigen Korrekturlesern – danke euch allen! Sollten wir etwas übersehen haben, bitte ich um ein Feedback, damit wir die nächste Auflage noch besser machen können.

Danke an meine lieben Kolleginnen, besonders an Eva, dass ihr es mir ermöglicht habt, Zeit in den Reiseführer zu investieren. Und immer wieder: Danke Henrik für deinen schier unerschöpflichen Ideenreichtum! Ich bin ganz sicher, dass dieses Buchprojekt nicht deine letzte gute Idee sein wird.

Für die Fotos danke ich meinen Kolleginnen und Kollegen, die viele Bilder von ihren Dienstreisen mitgebracht haben.

Ganz besonders freue ich mich über die Fotos von unseren Kunden:

Angelika Aldag, Eva Busch, Nicole von Danwitz, Sywana Dwars, Nicole Holdorf, Gritt Kattein, Rigobert Lauter, Andreas Orzol, Michael Unzen, Regina Völpel. Besonderen Dank auch an Anja, Birgit, Maike, Andrea, Marcus, Jana, Andrea, Katrin, Franziska, Maike und Anette, die ihre Fotoalben nach Erinnerungen aus den 70ern und zum Thema Hygge durchsucht haben.

Kathrin von Maltzahn

Impressum

3. Auflage, April 2018

Wir freuen uns über Kritik, Verbesserungsvorschläge und Hinweise.

Autor und Redaktion: Kathrin von Maltzahn
Konzeption, Layout, Satz: Kuhrt Kommunikation GmbH
Art Director: Nils Kuhrt
Redaktionelle Mitarbeit: Eva Petersen
Umschlag: Nils Kuhrt (Titelbild), Daniel Möller Fotografie (Danksagung und Rückseite)

ISBN 978-3-00-052317-5

Skagerrak
Grenen
Skagen
Tannis Bugt
Hirtshals
Tversted
Ålbæk
Tornby
Bratten
Nordsee
Lønstrup
Hjørring
Frederikshavn
Løkken
Sæby
Jammerbugten
Blokhus
Brønderslev
Ryå
Læsø
Lyngså
Vigsø Bugt
Slettestrand
Aabybro
Nørresundby
Hou/Hals
Aalborg
Ålborg Bugt
Klitmøller
Thisted
Løgstør
Vorupør
Livø
Fur
Rebild
Aars
Øster Hurup
Helberskov
Agger
Mors
Nykøbing
Nissum Bredning
Hobro
Vejlby Klit
Gjellerodde
Skals
Lemvig
Skive
Fjellerup
Venø Bugt
Randers
Fornæs
Struer
Viborg
Nørreå
Grenå
Bjerringbro
Gudenå
Holstebro
Nissum Fjord
Hadsten
Storå
Fjand
Vester Husby
Kjellerup
Mols
Ebeltoft
Stadil Fjord
Silkeborg
Ikast
Aarhus
Søndervig
Herning
Aarhus Bugt
Klegod
Ringkøbing
Jylland
Mossø
Skanderborg
Hvide Sande
Ringkøbing Fjord
Samsø Bælt
Skjern
Odder
Tunø
Sejerø
Årgab
Skjern
Brande
Samsø
Horsens
Bjerregård
Give
Bork
Ølgod
Omme
Hedensted
Endelave
Kalundborg
Houstrup
Nørre Nebel
Grindsted
Billund
Juelsminde
Vejle
Store Bælt
Henne
Varde
Fredericia
Vejers
Varde
Hasmark
Romsø
Blåvand
Kolding
Middelfart
Kerteminde
Slagels
Esbjerg
Odense
Vejen
Hejls
Ejby
Nordby
Kongeå
Korsør
Fanø
Ribe
Rødding
Bågø
Fyn
Nyborg
Skæl
Ribe
Assens
Agersø
Mandø
Vojens
Fladså
Gels
Ringe
Haderslev
Lillebælt
Smålа
Rømø
Faaborg
Svendborg
Nordborg
Lyø
Langeland
Aabenraa
Avernakø
Tåsinge
Als
Rudkøbing
Arnå
Tønder
Sylt
Sønderborg
Nakskov
Søndera
Ærø
Lol
Nordsee
Deutschland
(bis 1864 Dänemark)
0
10
20
30
40
50 Km